李先海　陈艳 ◎ 著

# 合伙之道

中华工商联合出版社

图书在版编目（CIP）数据

合伙之道：一本书读透五种合伙 / 李先海，陈艳著.
北京：中华工商联合出版社，2024. 8. -- ISBN 978-7
-5158-4066-6
Ⅰ．F272

中国国家版本馆CIP数据核字第2024B3T705号

---

合伙之道：一本书读透五种合伙

---

作　　者：李先海　陈　艳
出 品 人：刘　刚
责任编辑：吴建新
封面设计：张合涛
责任审读：郭敬梅
责任印制：陈德松
出版发行：中华工商联合出版社有限责任公司
印　　刷：三河市宏盛印务有限公司
版　　次：2024年8月第1版
印　　次：2024年8月第1次印刷
开　　本：710mm×1000mm　1/16
字　　数：219千字
印　　张：14.75
书　　号：ISBN 978-7-5158-4066-6
定　　价：58.00元

---

服务热线：010-58301130-0（前台）
销售热线：010-58301132（发行部）
　　　　　010-58302977（网络部）
　　　　　010-58302837（馆配部）
　　　　　010-58302813（团购部）
地址邮编：北京市西城区西环广场A座
　　　　　19-20层，100044
http://www.chgslcbs.cn
投稿热线：010-58302907（总编室）
投稿邮箱：1621239583@qq.com

工商联版图书
版权所有　盗版必究

凡本社图书出现印装质量问题，
请与印务部联系。
联系电话：010-58302915

# 序 言

大约在九年前,我为之倾尽所有积蓄的创业项目"汽车后市场电商平台"宣告失败。我以前经营多年的汽保公司也因资金紧张、员工流失等因素面临经营困难。陷在当时的困境中,我跟随灵感和直觉,希望把员工由"打工仔"变成"小老板"这样的经营合伙人(本书第六章内容)。此举不仅让我经营多年的汽保公司得以存续,更让我自此开启了"学习合伙、研究合伙、践行合伙"的探索之旅。在学习、研究合伙的过程中,我读了能买到的关于"合伙"字样的几乎所有图书,但大部分作品都是以股权设计和利益分配机制为主要内容的书,而我还没有发现一本能从合伙的准确定义、科学分类和对多类型合伙内容进行详细解读的全面而系统的著作。鉴于此,我便有了写一本关于合伙的书的想法。因本人不擅长写作,所以创作过程极为艰难,好在有好友陈艳博士的大力支持和鼓励,一起耗时三年多的时间,终于完成了虽不完美但也能体现我们初步想法的这本小书。

本书内容从结构上分为三部分:

第一部分主要介绍合伙制兴起的时代背景,即为什么合伙。

我们发现,中国已经进入了人人都是合伙人的大合伙时代。中国每年新增几千万的自主创业者,合伙是解决这些创业者在创业过程中遇到的若干问题的最佳方式;现存的企业面对经营环境、客户、员工、组织和管理方式等诸多方面的变化,应对这些变化不仅要求企业在内部与员工从雇佣制走向合伙制,在外部也要与上游供应商、下游渠道商(甚至客户和同行),结成供需一体化的合伙关系。

第二部分主要介绍合伙的定义和合伙的分类，即什么是合伙。

在人人谈合伙、人人都可能成为合伙人的时代，究竟什么才是合伙，却没有一个精准的定义，更没有一个明确的分类标准。我们结合合伙企业对合伙内涵的界定和对公司制采用合伙模式的大量经典案例的研究，明确了合伙的定义。在合伙分类上，我们以企业成长进化周期为主线，从合伙对象选择（企业内部与外部）和合伙利益分配（实股与虚股）两个维度的四个方面，把合伙分成创始合伙、事业合伙、经营合伙、裂变创业合伙、生态链合伙五种类型。

第三部分主要介绍五类合伙模式的具体内容，即如何合伙。

我们阐述这部分内容的核心逻辑是：一条主线、两项原则。

一条主线：我们站在组织进化的视角，从一个企业诞生的初创期开始，到高速成长、成熟转型、再生这条主线，对每种合伙模式做了详细解读。

两项原则：我们认为"合伙就是合与分的艺术和技术"。说是艺术，是因为人心都是流变的，而人性又是复杂的，所以合伙一定要知人心、识人性，以此平衡人与人之间的利益关系。这对我们每个人来说，都是一生修行的艺术。说是技术，是因为我们完全可以用一些合伙的规则和方法来避免合伙人出现一些常识性错误。所以，我们把"合得明白、分得清楚"作为两项原则来展开。"合得明白"就是把实现企业的经营战略、商业模式作为目标，合伙人之间应该如何建立理念互信和资源能力互补的学问；而"分得清楚"则是利益分配技术，这种利益分配技术是建立在"共同经营、共担风险、共享收益"基础上的"分工、分权、分利"的互成机制。

这本书能顺利完成还有一个很重要的因素，就是家人和朋友对我的支持，所以我在这里要特别感谢这些年对我无限包容、理解和支持的妻子韩红梅女士，以及与我真诚合作18年的合伙人韩迎春女士，还有一直信任我、支持我，请我做咨询顾问的企业家朋友们。

这本书能顺利创作完成，并在较短的时间内出版，离不开出版社编辑认真、高效、严谨的工作态度，所以在这里我和陈博士要真诚地感谢为本书付出辛劳的编辑们。

如果您是购买此书的读者，建议您先读后记，再读正文，这样不仅使

| 序 言 |

您受益更大,而且会给您一个更大的惊喜。最后,我真诚地希望您把在书中发现的错误、不足以及宝贵的建议告诉我们,以便我们在后续作品中不断完善迭代。再次感谢大家!

李先海

2024 年 6 月

# 目 录

## 第一章 大合伙时代已来临

1.1 自主创业者数量庞大且创业成功率很低 003
1.2 企业面临的诸多变化 005
    一、经营环境的变化 005
    二、人的变化 005
    三、组织的变化 007
    四、劳资关系的变化 010
1.3 雇佣制行将落幕，合伙时代加速到来 011

## 第二章 合伙的定义

2.1 合伙的定义 015
2.2 合伙三支柱 018
    一、互信的理念——合伙的前提 019
    二、互补的能力——合伙的基础 024
    三、互成的机制——合伙的保障 026

## 第三章　合伙的分类

3.1　分类前应思考的三大问题 037
3.2　企业成长进化阶段 038
　　一、企业成长进化四个阶段 038
　　二、企业各阶段的目标及策略 039
3.3　我们都可以和谁合伙 043
3.4　股权模式的分类 044
　　一、实股 044
　　二、虚股 049
3.5　合伙的类型 052
　　一、合伙分类模型 052
　　二、合伙类型简介 053

## 第四章　创始合伙

4.1　创始合伙的定义 059
4.2　创始合伙如何合得明白 062
　　一、创始合伙人应该具备的特质 062
　　二、创新的商业模式 065
　　三、合得好的关键是找好契合度 081
4.3　创始合伙如何分得清楚 084
　　一、股权顶层架构设计 085
　　二、合伙制度 097
　　三、公司章程及合伙协议 097

## 第五章　事业合伙

5.1　事业合伙的定义 107

5.2 事业合伙如何合得明白 ……………………………………………… 108
    一、事业合伙人应该具备的特质 ………………………………… 109
    二、公司明确的战略定位 ………………………………………… 112
    三、合得好的关键是找好契合度 ………………………………… 121

5.3 事业合伙如何分得清楚 ……………………………………………… 124
    一、事业合伙的内涵 ……………………………………………… 124
    二、事业合伙机制设计规则 ……………………………………… 134
    三、事业合伙协议制度条款 ……………………………………… 143

## 第六章　经营合伙

6.1 经营合伙的定义 ……………………………………………………… 151

6.2 经营合伙如何合得明白 ……………………………………………… 152
    一、经营合伙人必备的思维 ……………………………………… 152
    二、市场化平台型赋能组织 ……………………………………… 153
    三、合得明白的关键是找好契合度 ……………………………… 163

6.3 经营合伙如何分得清楚 ……………………………………………… 165
    一、经营合伙收益分享的必要条件 ……………………………… 165
    二、经营合伙的机制设计 ………………………………………… 168

## 第七章　裂变式创业合伙

7.1 裂变式创业合伙的定义 ……………………………………………… 175

7.2 裂变式创业合伙如何合得明白 ……………………………………… 178
    一、匹配的合伙理念 ……………………………………………… 178
    二、裂变创业项目的方向选择 …………………………………… 186
    三、裂变创业的组织机制 ………………………………………… 189
    四、裂变式创业合伙契合度 ……………………………………… 195

7.3 裂变式创业合伙如何分得清楚 ……………………………………… 197

一、进入机制 ················································ 197
二、分配机制 ················································ 199
三、退出机制 ················································ 201

## 第八章　生态链合伙

8.1　生态链合伙的定义 ········································ 205
8.2　生态链合伙如何合得明白 ·································· 206
　　一、生态链合伙需具备的理念 ································ 206
　　二、明确企业战略目标、打法及所需资源 ······················ 207
　　三、生态链合伙契合度 ······································ 211
8.3　生态链合伙如何分得清楚 ·································· 213
　　一、进入机制 ············································· 213
　　二、利益分配机制 ········································· 216
　　三、退出机制 ············································· 220

后　记 ······················································ 223
参考文献 ···················································· 225

# 第一章

# 大合伙时代已来临

## ——合伙制兴起的时代背景

做任何事情要想有所成就，都要具备天时、地利、人和成功三要素。而这三要素重要性排序如孟子所言，"天时不如地利，地利不如人和"。尤其在如今瞬息万变的市场经营环境中，不论是创业者创业，还是企业家经营企业，要想获得成功，"人和"都是决定性因素。而"人和"又贵在"人合（合伙）"，在这个人人都谈合伙的大合伙时代来临的今天，我们先一起探讨一下合伙制兴起的时代背景吧。

## 1.1　自主创业者数量庞大且创业成功率很低

据中国证券网报道，市场监管总局登记注册局局长任端平2024年2月5日在国务院政策例行吹风会上介绍，随着一系列稳经济、促发展措施落地见效，我国经营主体发展保持了回升向好的态势，截至2023年底，共有经营主体1.84亿户，新设经营主体3272.7万户，同比增长12.6%。新设企业1002.9万户，同比增长15.6%。经营主体投资创业活力持续增强。

从上面的数据我们不难得出，中国的创业者已经是上亿级别了。面对这么庞大的创业者数量，我们禁不住会问两个问题：

第一个问题是，为什么有这么多人想创业呢？核心原因我认为有四条：一是大众创业的政策导向。你想创业就会有如贷款优惠、减免税负、法律保护等政策支持。二是"95后""00后"新生代的价值取向。调查一下身边的创业者就会得出，他们创业是为了实现自我价值、积累财富与经验、做自己喜欢的事情、不想打工等。三是创业成本相对较低，从注册公司的便利性到创客空间的办公场所等创业投入成本不高。四是整个社会对创业这件事都持积极态度，比如孩子大学毕业后找不到合适的工作，希望和几个小伙伴一起搞点事情做，只要投入不多，家长一般不会反对。

第二个问题是创业成功率究竟有多高？这个问题没有一个准确的数据。我在百度上搜索一下，看到一条信息说："很多经济学家、投资专家、相关部门对不同途径创业企业的调查显示，中国个人创业的成功率大约在1%~5%"。还有一种说法是首次创业成功率不足5%，再次创业的成功率会高一点，也仅为8%。不论是1%还是8%的创业成功率，都说明创业成功是概率很低的事情。

从上面两个问题中，我们能客观认识到：在中国"大众创业、万众创新"的市场环境中，创业者数量即便未来不会增加也不会减少太多，如何解决创业成功率将会是一个社会问题。

大部分创业失败的原因集中在以下几个方面：

一是缺少资金；

二是缺少社会经验；

三是缺乏管理运营经验；

四是缺少必要的资源；

五是缺少合伙人。

而想要解决这些问题，需要一套能整合这些资源的利益分配合伙机制。

## 1.2 企业面临的诸多变化

从工业时代到如今的数字化时代、人工智能时代，企业会经历若干方面的变化：包括经营环境、人、组织、劳资关系、管理方式和利益分配机制等方面的变化。

### 一、经营环境的变化

现如今，企业外部的经营环境已经处在以不稳定、不确定、复杂性和模糊性为典型特征的"乌卡时代"。这些变化是由社会、政治、经济、环境、科技和人口等诸多因素导致的。如这几年我们所经历的"双减"、疫情、贸易摩擦、俄乌战争和人工智能等这些重大变化，不仅对企业经营带来严重的影响，也给我们每个人的工作和生活带来巨大的影响。

面对外界环境越来越多的不确定性变化，企业要想生存和发展应该如何应对呢？我认为要把企业的目标与员工的目标统一起来，成为一个能适应外界快速变化的敏捷组织，这才是解决之道。而要打造这样的敏捷组织，不仅要求企业管理者了解组织中员工和客户的需求变化，还要转变管理思想，从而改变组织结构和组织关系，改变企业与员工的利益分配机制。

### 二、人的变化

在这个数字化时代里，有两类人的变化我们不得不关注，一类是企业经营必须依赖的员工，另外一类让企业赖以生存的客户。

## （一）员工的变化

在数字时代的背景下，"90后""00后"作为新生代员工，其个性特征更为明显，被陈春花老师称为"强个体"。

面对他们，有很多"60后""70后"管理者经常会发出感叹："我十几二十年的管理经验清零了！"有些企业管理者甚至患上"90后""00后"管理恐惧症。

这些新生代员工是伴随中国改革开放及互联网兴起而成长的一代，是数字化的一代，从出生开始就享受了改革开放、经济高速发展的红利，享受了互联网的便利，接受了数字化的熏陶。这一代人自然更追求个性释放，追求个体价值的实现。而且，数字化及互联网为个体力量的崛起提供了技术条件。他们可以不依附于，也不受制于单一组织，可以在社会网络化协同体系中找到自身角色定位，并创造价值、获取价值。另外，他们生长于中国富裕起来的时代，父辈为他们打下了一定的物质基础，使他们可以不为五斗米折腰，可以来一场说走就走的旅行，也有条件按个人兴趣去做事，去追求幸福感、存在感和参与感。

对待新生代员工，企业老板或者管理者必须要做到以下几点：

一是要平等靠前、等级退后。这些员工需要企业有一种没有上下级的氛围，营造出彼此尊重、平等、宽松、包容、民主的企业文化氛围。

二是魅力提前、命令退后。他们只能被影响和感召，而反感训斥、推卸责任、玩弄权谋的管理者，所以对新生代员工应采取更多激励、感召的管理方式，而不是传统的硬性管理方式。

三是员工目标与企业目标要融合。新生代员工到企业不是想当一个机器的螺丝钉，他们想获得幸福感、成就感和归属感，他们想成为企业的主人，想通过企业这个平台实现自身的价值诉求，所以企业必须要建立一套融合个体与组织目标的机制。

## （二）客户的变化

在这个数字化的时代里，很多传统行业都会被数字化重构，因此企业的原有客户群可能会改变。客户需求在这个时代也会发生巨大变化，包括但不限于以下几方面：

第一，需求的多样化和个性化；

第二，即时满足的期望；

第三，对可持续和透明度的关注；

第四，对全渠道购物的体验；

第五，从功能价值到情绪价值。

## 三、组织的变化

在企业外部经营环境、员工、客户都已经发生翻天覆地变化的数字化时代，企业的组织形态和组织关系也相应地发生了改变。

### （一）组织形态的变化

在传统的管理模式中，企业模式通常以直线职能制为主要形式，由直线领导机构和职能部门组成，是典型的金字塔结构。在这个结构中，金字塔顶端的管理者发号施令，然后一层层分工传递，底下的员工只需要听从领导的命令，听话做事，从而完成一项又一项的业务任务。这一环节中需要每一位员工知悉自己的工作流程和完整的文件传递，而这些流程决定了每一位员工的岗位、任务和职能，然后组成员工的工作内容和可衡量的绩效考核标准准则。传统企业通过标准化、制度化、体系化的管理模式，来为社会提供标准化的产品和服务。

然而在数字化时代下，信息瞬息万变，企业与用户之间的距离越来越近，逐步形成无缝连接。用户通过使用互联网快速获取企业信息的同时，直接对产品和服务进行体验感受和综合评价，这使得企业的所有员工都需要直接面对用户。在传统管理模式中，员工虽然贴近用户，但他们没有自主权利，他们更多的是以领导为核心的组织思想，为高层的指令而工作，以指令为标准。如今传统的单一模式，已经不能适应数字化时代快速发展的趋势。在数字化时代里，需要员工具有迅速的反应能力和解决问题的能力。任正非提出"由听见炮声的人和靠近战场的人做决定"，这就需要企业价值观的改变，即由领导与员工的服从关系，转变为互助共生关系，打破传统模式下的层层递进的组织形式和员工僵化的行为准则，让全体员工拥有自主权利，直接面对市场、面向用户，从而提高用户对产品体验的综合评价。

不论哪个时代，可以说一切的竞争，都是企业组织的竞争。如果企业改革赶不上时代发展的步伐，就会落后甚至被淘汰，因而企业机制的改革和升级迫在眉睫。在模式上，企业要从传统的"树状模式"转变成"网状链接"；在人才上，企业把自主权转交到员工的手中，让员工掌舵。这就要求组织将传统的直线职能制打散、重组，进行资源整合和科学配置，企业组织将成为资源和用户之间的双向交互平台。

### 案例1-1 海尔组织形态的变化历程

海尔集团成立于1984年，历经40年的不懈发展，从一家仅生产电冰箱的街道小厂发展成家电制造领域的巨擘，再致力于成为全球领先的美好生活解决方案服务商。成立以来，海尔坚持以用户需求为中心的创新体系驱动企业持续发展，在管理创新、组织创新、技术创新等多个方面成绩突出，并多次获得"全球最具创新力企业"荣誉。创新被喻为海尔的灵魂。2005年，海尔首次提出"人单合一"的双赢模式，重新定义了产品生产方式、员工雇佣关系与资源获取途径，这标志着海尔正式进入全面创新阶段。2014年在"人单合一"模式的基础上，海尔进一步提出了"三化"目标，即企业平台化、用户个性化、员工创客化。为成为平台型生态圈组织，海尔采取了一系列的组织变革，建立了以开放式创新平台、智能制造平台、创新创业平台为代表的一系列子平台，成功转型为家电领域里为数不多的平台型组织。

从2006年开始，海尔在组织结构上进行了两次重大的变革：第一次是从传统的"正三角组织结构"变革为"倒三角组织结构"；第二次是从2013年开始，从"倒三角组织结构"变革为"平台型组织"，如图1-1所示。

在原来科层制的组织结构中，高层管理者位于权力金字塔的顶端，接下来是一些中层和基层管理者，一线员工位于最底端，他们只负责接收命令并执行。为了克服科层制带来的组织僵化问题，调动员工创造性，提升组织对环境变化的响应能力，海尔决定进行全面创新。海尔将原来的正三角组织转变为倒三角组织。在倒三角组织中，从上到下依次是一级经营体（一线经营体）、二级经营体（平台经营体）、三级经营体（战略经营体），每个经营体都有独立的用人权、分配权、决策权。在新的组织形态下，海尔逐渐形成了以全要素创新、全时空创新、全员创新为特征的全面创新体系。

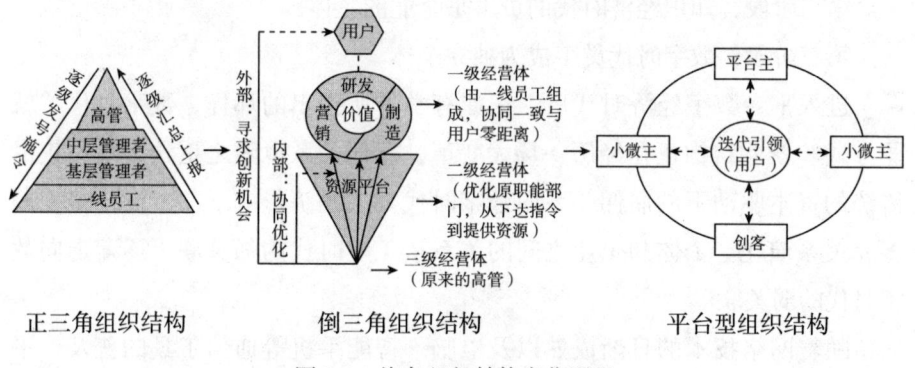

图1-1 海尔组织结构变化历程

进入物联网时代后，为了更好更快地满足市场需求，在全面创新驱动下，海尔进一步把倒三角组织变为节点闭环的网状组织，开始了平台化转型。新的平台型组织中，只有三类人，即创客、小微主、平台主，每个人都要成为平台网络的节点并持续创造价值。在该过程中，全面创新的驱动作用表现为：提供了新的价值创造方式，扩展了新的资源获取途径，塑造了新的雇佣关系，从而为组织平台化转型创造了高效的资源配置方案、适宜的资源条件与人员活力。

## （二）组织关系的变化

滴滴网约车平台不会给平台上的司机开工资，而是分享乘客的车费。外卖平台不会给平台上的外卖小哥开工资，是靠分享消费者点餐的佣金。随着企业组织变成平台型企业后，员工的薪酬不是来自企业，而是来自为用户创造价值后的利益分成。从这一点可以说，企业与员工的组织关系已经从传统的雇佣关系转变为合作关系。

### 四、劳资关系的变化

从工业时代到数字时代，企业与劳动者之间的关系大致经历了这样三个阶段：

第一阶段，工业时代的员工是企业的工具；

第二阶段，知识经济时代的员工是企业的主体；

第三阶段，数字时代员工成为独立个体。

进入平台数字经济时代后，正如有学者所指出的那样，数字时代"就业方式和就业结构正在经历一场大变革，雇佣关系也随之更迭。组织正由传统的资本驱动下的雇佣关系向数字时代零工经济影响下的灵活、多变的多元关系演化。个体和企业之间的关系从工业时代的强关联，逐渐走向数字时代的弱关联"。

随着网络技术的日渐成熟以及电脑、智能手机等通信工具的普及，平台企业用工正使得劳资法律关系开始呈现以下几个值得关注和研究的变迁：

其一，劳动者与企业的人身隶属性与身份意识逐步淡化，劳资平权意识增强，资方对知识劳动力和技能型人才越来越依赖，劳动者的平权意识增强，议价能力提升。

其二，资方作为出资方和企业生产资料的所有者，其价值增值与市场竞争越来越取决于科技创新、服务水平与产品更新换代。劳动者作为自身知识劳动力的所有者，随着知识资本与科技创新对于企业生存发展的作用日渐凸显，劳动者对资本的依赖程度逐步降低，与资方之间的经济从属性开始弱化，共享与合作既成为平台企业的经营理念，也成为从业者的就业观念。

其三，平台企业奉行"组织柔性化"。实行平台化、自建团队的管理机制，在企业内部实现了多边治理和多元协调格局，网络平台中的信息冲击与交互取代了企业决策层的权威，传统企业中的强组织控制力逐步削弱，劳资之间的组织从属性日渐淡化。

## 1.3 雇佣制行将落幕，合伙时代加速到来

上文我们已经提到，中国的创业主体数量在2023年末已经达到1.84亿户，如果继续按照2023年每年3000多万户的增长速度，当您看到此书时中国市场上的创业主体数量会超过2亿户，这些数字在告诉我们，中国数以亿计的创业者数量已经是世界之最。这些创业者很少会一个人奋斗，他们大部分都会用合伙的方式去整合自身所欠缺的资金、资源以及合作伙伴。

现在的在位企业（尤其是以人力资本为主导的科技企业）要想生存和发展就要适应瞬息万变的经营环境，有效应对客户需求的变化和新生代员工的需求，就需要企业从领导者的思维、组织形态、管理方式和利益分配机制等做出相应的改变。采用雇佣制显然已经不合时宜，合伙制无疑是适配企业当下成长的最佳管理模式。

# 第二章

## 合伙的定义

——合伙就是合与分的艺术和技术

深入理解新事物的第一个前提就是理清其基本的定义。

所以，我们不论是学习合伙、研究合伙还是践行合伙，都要从一个能概括合伙最本质特征的定义或是思维模型开始。

本章我们将探索合伙最本质的定义，以及能指导合伙实践的合伙三支柱模型的具体含义。

## 2.1 合伙的定义

对于究竟什么是合伙，目前还没有一个清晰、完整且被每个人都认同的定义。鉴于"合伙人"一词最早出现于合伙制企业，所以要想探索合伙的真正含义，这就需要追本溯源，从合伙制企业讲起。

合伙制企业是一种法律意义上的企业形态，最早出现的是"普通合伙企业"。这种企业的特点是只有"身股"，没有"银股"。合伙制企业往往都身处轻资产、重人力资本的行业——公司的成功，只靠员工的智慧和经验，其他都不重要。合伙人必须是企业的管理层，并经过严格筛选才能担当，他们既是公司的雇员，又是公司的所有者。合伙人离开时股份被强制回购，其意外死亡后继承人不能继承股份，除非在公司担任管理职务。

后来又出现了有限合伙企业，主要流行于股权投资（PE）行业。有限合伙企业有普通合伙人（GP）和有限合伙人（LP）两类。通常情况下，GP出资1%，LP出资99%。基金的运作交由GP管理，LP不能参与具体运营事务。同时，在利益分配时，在所有人都收回投资成本后，在GP和LP之间按照20%∶80%的比例来分配投资收益。有限合伙企业最大好处是让GP用自己的资金杠杆撬动上百倍资金的同时，可以牢牢掌握公司控制权，还能获得远超过自己出资比例的超额收益。这些特权都体现了对GP人力资本价值的认可。风险与收益是相伴而生的，如果出现亏损，GP要承担无限连带责任，而LP则以出资额为限承担有限责任。

从上面两种合伙企业类型的理念可以看出合伙制的三大特点：

一是更注重人力资本的价值；

二是人力资本获得更多收益的同时，也要承担更多的经营风险；

三是人力资本掌握经营控制权。

今天我们大部分人说的合伙模式都不是指法律意义上的合伙制，而是借鉴了其三大特点的理念在公司制下实行的合伙模式。

因为在公司制下究竟什么是合伙并没有准确的定义，所以我们就需要借鉴法律意义上合伙制的理念，并结合典型合伙案例的成功规律，给合伙下一个定义。

合伙就是两人或两人以上的群体为了共同的事业目标，以理念互信为前提，以能力互补为基础，以共担、共创、共享三原则确立彼此责权利的互成机制为保障的紧密合作。

根据这个定义我们来明确一下合伙人与股东、职业经理人之间的区别。

### 案例2-1　合伙人与股东的区别

张峰、李齐、王滨是特别合得来的多年好朋友，他们都很看好餐饮市场，于是他们共同出钱开了一家餐馆，张峰负责店面经营，李齐负责后厨，王滨只出钱不参与经营。

根据我们的定义不难判断王滨不参与餐馆的经营，所以他不是这家餐馆的合伙人，而仅是投资的股东而已。张峰、李齐既出钱又出力，所以他们是真正的合伙人关系。从这个案例中我们可以看出区分股东与合伙人最为重要的标准就是，合伙人首先得是企业的一个参与价值创造（共创）的经营者，而股东只是出钱不出力的投资者。

### 案例2-2　合伙人与职业经理人的区别

在上面的案例中，由于张峰用心的经营和李齐精湛的厨艺水平，很快就开了10家分店。此时，为了公司能更好更快地发展，做大连锁，合伙人张峰、李齐与股东王滨三人一致同意聘用一个具有丰富经验且高度认同企业发展理念的餐饮连锁运营人才赵齐出任运营总经理。为了激励赵齐全心全意地抓好经营，在市场同等薪酬待遇基础上，公司免费赠予10%的股权给赵齐。

在此案例中，公司赚钱赵齐可以参与利益分享，赔了他也能得到应有的工资，可以说旱涝保收。依据我们对合伙的定义不难看出，像赵齐这种不承担任何经营风险却拥有股权的职业经理人不属于合伙人。所以，很多人认为搞股权激励就是与员工合伙的观念是极其错误的，职业经理人区别于合伙人很重要的一点就是，职业经理人缺少共担风险的创业精神。

## 2.2 合伙三支柱

为了便于大家对什么才是合伙有个更加深入的了解,依据合伙的定义我们提出了合伙三支柱模型(如图2-1所示)。下面我们就通过详细解析合伙三支柱模型来具体说明什么才是真正意义上的合伙。

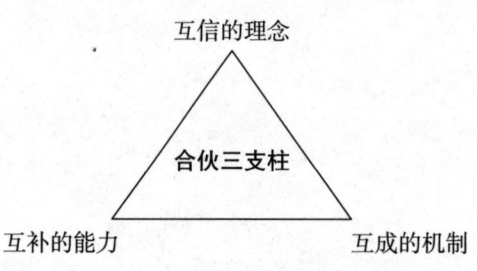

图2-1 合伙三支柱模型

合伙三支柱中,"互信的理念"和"互补的能力"谈的是合伙如何"合"得明白,"互成的机制"是谈合伙如何"分"得清楚。只有"合得明白、分得清楚"的合伙才能合得久、合得好。

正所谓志不同道不合不相为谋,所以互信的理念是合伙的前提;找到了同频的人,接下来就要看彼此的能力和资源是否能够做到取长补短、优势互补,这是评估我们能否合伙的基础;具备了合伙的前提和基础,最后还要做好共同经营、共担风险、共享收益的责权利分配机制,这是合伙的保障。

## 一、互信的理念——合伙的前提

我们都知道被称为经营之神的稻盛和夫,他白手起家在40年间创建了京瓷和KDDI两家世界500强企业。2010年2月1日,78岁高龄的稻盛先生在退休13年后东山再起,应日本政府邀请,出任破产重建的日航集团董事长,在万众瞩目下,仅仅用10个月,就大幅度扭亏为盈,创造了日航史上空前的1580亿日元的利润。这些巨大成功与稻盛哲学密不可分。

稻盛哲学,其原点是把"作为人何为正确"当作判断一切事物的基准。

稻盛哲学的核心思想可以用一个方程式表达:

$$人生工作成果 = 思维方式（-100 \sim +100） \times 热情（0 \sim 100） \times 能力（0 \sim 100）$$

在稻盛哲学的这个方程式中我们不难看出,思维方式、热情、能力缺一不可,但更为重要的是,不管你有多大能力、多大热情,只要你的思维方式有问题,结果就是负值,所以思维方式对我们的成功是何等重要。

如果我们与合伙人之间的理念或者说思维方式不能在同一个频道上,不管我们加在一起的资源能力有多强大,利益分配得有多合理都没法实现合伙成功,甚至能力越强,对彼此造成的伤害也越大,因此说合伙要想成功,互信的理念是前提。

具体在哪些方面建立理念互信,我们提出以下三方面的思考方向,可供参考。

### （一）拥有共同的志向

**1. 志向匹配**

#### 案例2-3　三个泥瓦匠的故事

一天,有人问三个正在砌墙的泥瓦匠:"你们在干什么?"

第一个人没好气地说,"你没看到?在砌墙。"

第二个人心平气和地说:"我们正在建一座高楼。"

第三个人喜气洋洋地说:"我们正在建设美好生活。"

10年过去了……

第一个人仍在砌墙,继续做泥瓦匠。

第二个人成了一位工程师。

第三个人则成了两个人的老板。

如果你像故事中的第三个人一样,拥有远大的抱负和强大的使命感,想成就一番伟大的事业,那你一定要找与你拥有同样梦想的伙伴成为合伙人。如果找一个只顾眼前工作的人就极为不匹配,因为你们没有办法真正建立一个命运共同体。

**2.事业方向相同**

找到和你一样拥有志向的人还不够,重要的是,他要和你的事业方向和目标一致才行,否则就是志不同不相为谋。

有一次研讨会上,我问一些企业老板:你希望你的企业是一个利益共同体,还是一个事业共同体?你的员工呢?他们期待在一个利益共同体里工作,还是在一个事业共同体里工作?

很多老板都会很快回答:我的企业是"事业共同体"!

利益共同体和事业共同体的最大差别是"愿望、风险、利益"这三者之间的排序。如果一个员工发自内心地向往你所描绘的事业愿景,并且由衷地坚信只要你们一起努力,就可以让这个愿景实现,最终也会因为这个愿景实现了,自己能获得巨大利益(金钱、名誉等)的时候,他将可能拥有巨大的"愿望",从而成为"风险"偏好者。即,牺牲自己的短期"利益",和你形成"事业共同体",以求获得"事业"成功(长远但是更大的利益)。

但是如果他不相信(是的,他不会告诉你他不相信,而且,他会想方设法让你觉得他甚至比你更相信),他就会在行为上优先选择短期"利益",规避中长期的个人"风险",但是他会告诉你,他在"愿望"上对你的梦想深信不疑,同时默默地计算外部一切职位的机会成本。这种情形就是老板想要事业愿景和员工想要的事业方向不匹配造成的。

当年蔡崇信放弃几百万年薪只拿几百元工资投资马云,不仅仅是蔡崇信被马云高远的梦想所打动,更是他们彼此都认同电子商务的事业发展方向才是未来的大势所趋的结果。所以如果你想找事业合伙人,建立事业共同体,你需要找一个和你一样,有高瞻远瞩的视野和格局,能够看得到且坚信这个共同事业的人。

## (二)共同的信仰

我们经常说"志同道合",拥有共同的志向只是"志同",一定还要"道合"才行。对于合伙来说,一定要有共同的价值观和相对一致的信仰,所以在合伙之前一点要清楚你自己以及合伙对象的价值观和信仰是什么,还得确认你们之间能否匹配。

下面我们列几条合伙创业应该具备的典型特质:

### 1.利他的精神

不论你追求物质利益还是精神富足的快乐,本质都是人性为己的自私。那么如何才能满足最大化的为自己好呢?有且只有两种手段,一种是为己利他,一种是损人利己。

### 案例2-4 天堂和地狱的故事

有一个人问上帝,他想知道天堂和地狱是什么样子。于是上帝就先带他去地狱看看,他来到一个房间,里面有一个长方形的桌子,桌上摆满了各种美味的食物,桌子旁边坐满了人,每个人都面黄肌瘦,非常饥饿。他们每人有一双很长很长的筷子,他们想把夹起的菜尽力喂到自己的嘴里。可是筷子太长,没有一个人能把菜喂到嘴里,所以这个房间所有的人都非常痛苦。于是这个人就跟上帝说:"太残忍了吧,那带我去天堂看看吧!"。上帝说:"好啊,其实天堂就在地狱的隔壁!"。于是他们来到隔壁的房间,看到的是同样的桌子,同样很美味的菜,每人同样拿了一双不可能喂到自己嘴里的筷子,不同的是他们都非常开心!因为他们都把自己夹起的菜喂到了别人的嘴里,所以大家都吃到了美味,而且每个人都非常开心!

这个小故事很好地诠释了欲取先予、为己利他的道理。所以,你要想得到更多，就要多问自己几个为什么："凭什么客户会选择你？凭什么员工会跟随你？凭什么合作伙伴会认同你？凭什么股东会投资你？凭什么社会会欢迎你？"答案显而易见，就是为己首先要利他，只有利他才能让你拥有强大的势能，从而达成你想实现的目标。

**2. 底线原则**

可是，要真正做到利客户、利员工、利伙伴、利股东、利社会的利他确实非常不容易。尤其到了一个人或企业面临生死存亡考验时，很容易铤而走险，就会采用为己的第二种手段——损人利己。

损人利己的事件不胜枚举，如三聚氰胺的毒奶粉事件；新冠疫情刚开始时因口罩短缺，就有人靠生产假口罩牟取暴利等。损人利己很快就会变成害人害己。

所以，要想做到为己利他就要不断扪心自问"作为人，何为正确"，就要不断修行"致良知"中一心向善的功夫。为了避免我们陷入歧途，虽然我们做不到圣人的至善境界，但必须保有底线原则，要有规范我们有所为有所不为的高压线。

综上所述，找合伙人要看看他是不是一个价值观正面且敬畏规则、坚守底线的人，这点尤为重要。

**3. 共同的经营理念**

我们很难找到一个与我们理念完全一致的人，但是在核心经营理念上绝对不能相悖。

比如同样开一家饺子馆，你主张现包现卖、品质为王，而你的合伙人却坚持认为冷冻方便，价格要便宜才能拥有更大市场；你主张采用能让顾客看得见的透明厨房，而你的合伙人主张封闭式后厨。这样的合伙后果可想而知，必然从兄弟式合伙走向仇人式散伙。

**4. 平权的价值观**

很多企业搞与员工合伙的模式会走向失败，有很大一部分原因并不是模式设计本身存在多大的问题，而是企业的老板依然把自己当成"老板"。

嘴上承认和员工是合伙人关系，实际上从来都放不下权利的欲望和习以为常的惯性。能从高高在上的"君主"变成我们都是平等的同志关系，甚至是类似服务员一样的服务关系，确实不太容易。

要想通过合伙人制做大事业，只有尊重他人、成就他人，才能打造合伙组织。

**5.创业者精神**

企业与员工合伙，老板从绝对的领导权威变成与员工地位对等的合伙人并不容易，因为不是所有的员工都适合成为合伙人。

打个比方，你们公司说要与员工搞合伙经营，你把你认为优秀的骨干找来探讨了三天的合伙方案，大家摩拳擦掌、热血沸腾，准备大干一场。当你说需要他们每人拿50万入股时，可能大部分人都会找各种理由不参与，你又怕他们没钱，又说可以借钱给他们，并且你和他们按3∶1的比例投资，占有同样多的股份，他们依然觉得有风险，这样的员工肯定就不适合当你的事业合伙人。

所以，不是所有人都能成为合伙人，要能成为合伙人除了满足上文我们介绍过的四点外，最为重要的一点是，合伙人还应该具备创业者精神。

那究竟什么是创业者精神？

从行为特征来看，具备创业者精神的人往往具有愿意承担一定风险的冒险和创新精神。遇到困难时表现出无所畏惧的坚强意志，更愿意通过不断学习让自己变得更优秀，也有为了达成自己的目标能主动联合他人展开合作等优秀品质。从内在动机来看，创业者和追求稳定的员工相比较，前者对追求物质利益和精神富足的愿望会更强烈一些，强烈的愿望和使命感促使他们总能把对常人来说不可能的事变成现实。创业者信仰的是"因为相信，所以看见"，而一般员工的信条则是"因为看见，所以相信"。

## （三）共同的利益诉求

企业家和创始人关注公司价值，关注未来长期的愿景目标，最终获得的是股权增值价值；企业主和高管关注项目价值，关注眼前利润；一般员工则关注工资多少。

所以，如果你有星辰大海的格局，你就不能找那种落袋为安的人成为公司的创始合伙人。

## 二、互补的能力——合伙的基础

前面我们谈了互信的理念对于合伙的重要性，接下来让我们通过一则小故事看看什么才是互补的能力。

### 案例2-5 一个盲人和一个瘸子的故事

一个瘸子在马路上偶然遇见了一个盲人，只见盲人正满怀希望地期待着有人来带他行走。"嘿，"瘸子说，"一起走好吗？我也是一个有困难的人，也不能独自行走。你看上去身材魁梧，力气一定很大！你背着我，这样我就可以向你指路了。你坚实的腿脚就是我的腿脚，我明亮的眼睛也就成了你的眼睛了。"于是，瘸子将拐杖握在手里，趴在了盲人那宽阔的肩膀上。两人步调一致，获得了一人不能实现的效果。

你不具备别人所具有的天赋，而别人又缺少你所具有的才能，我们每个人都不可能是什么都不缺的完人，此时我们只有通过取长补短、优势互补、达成合作，才能共同去完成一件自己无法完成的事情，从而实现我们的目标。合伙首先就是要明确你要达成什么目标，之后要盘点一下达成目标都需要什么资源和能力，再根据所缺资源和能力找到匹配自己的合伙人。

### （一）资源及能力分类

主要可分为三类，一是人力类。主要包括专业和技术类、运营和管理类、业务和营销类以及资本和金融类。二是资金类。三是资源类。主要包括供给侧资源和需求侧资源。供给侧资源包括专利、技术、原材料、厂房、设备、产品等；需求侧资源包括品牌、渠道、用户等。

### （二）能力互补三原则

**1.价值性原则**

每个人都有多项能力，都可以去做很多事情，但为什么有些人干什么总是三天打鱼两天晒网，没有长性，正所谓常立志而不能立长志。核心原因就是没有找到我们擅长和喜欢的能力内核,杰克·韦尔奇把这个叫"命运之域",也就是把我们的生活想象成两条高速公路:一条公路代表着我们最擅长的事情,另一条公路代表着我们真正喜欢的事情。现在,想象一下这两条高速公路交叉的情景。我们的幸福与我们的能力实现了交叉,没错,这个交叉点,就是我们构建职业生涯最理想的地方。

不是每个人都能找到自己的"命运之域",所以知道自己的能力内核是一件特别幸运的事情,它会让你不知疲倦地去做你喜欢的事情,更能让我们的能力凸显,甚至别人会给我们"贴上明显的标签"。我在很多年以前一个学习领导力的课堂上,一位事业非常成功的姐姐发现我非常擅长给别人出商业方案,她说你更适合当别人的"军师"呀。当时我还不以为然,直到自己经历一次创业的重创后,静下心来冷静思考自己未来的事业方向时,我回顾了以往做过的事情,我发现我给身边不少朋友出过如何做生意的主意,都取得了不错的成效。发现了自己的长处之后,第二点就是找到自己喜欢做什么,我特别喜欢学习,当然除了读书外,更愿意去研究一些企业成功和失败的案例,也会不断总结自己的失败和成功的经验。发现了我自己的能力内核后,这些年我都在研究和实践合伙模式这件事情,用我的专业知识帮助更多的人通过合伙走向创业成功,不仅是我现在的工作,更是我喜欢的生活方式。

找到自己的能力内核后,就很容易确定自己的事业方向和目标,之后就要盘点我们还缺少什么资源和能力,同样我们也要用"命运之域"去发现别人的能力内核是什么。

当我们知道了自己的能力内核,且我们也在身边的朋友中发现了很多他们的能力内核,并且和我们的创业项目能实现互补,那是不是所有人都适合和你合伙呢?

第一,要看别人的资源能力对我们的创业项目的重要性。我们要盘点我们现在最缺少的资源,之后按照特别重要、一般重要、暂时不重要做个价值排序。比如我们是做技术的且刚刚创业,最重要的是我们需要找个市场型人才来合伙,而不是马上找到一位擅长管理的人和我们合伙。这个道理虽然简单,但现实中很多创业者往往遇到一个所谓"志同道合"的"牛人",怕失去合作的机会,就把别人的能力对他现在要做的事情到底是不是最重要的给忽略了,真正一合伙发现对自己没有多大的帮助,这种能力错配的合伙注定会失败。

第二,看资源的稀缺性。对你重要,但是如果这类资源很容易获取,那通过外包等合作方式可能会更好一些。

第三,要看交易频率。如果一项资源对你来说交易频率很低,比如你就需要做一个股权方案设计的咨询服务,用合伙的方式就不妥。

### 2.互补性原则

你会发现很多人创业,往往都去找和自己一个类型的人,有一次一位朋友邀请我去沈阳一个创业孵化基地分享关于合伙模式的课程。现场有一位从某技术研究院出来创业的青年科学家向我提了如何分配股权等一些问题,当我让他做个合伙人基本介绍时,发现五个合伙人都是他以前的下属,并且都是科学技术人员。这种完全同一类型的人合伙创业很难成功。如果你擅长技术,就应该找懂市场的人和懂运营的人,合伙才能形成互补,才能增加创业成功的可能性。

### 3.多样性原则

如果你的合伙人都是你以前多年的同事,你知道的知识他们也知道,很容易形成认知遮蔽。所以,要尽可能选择与自己不同类型的人去合伙,让我们的视野和格局更大一些,这有利于创新。如不同的年龄段搭配、男女搭配、不同性格的人搭配、不同教育背景的人搭配等。当然,不同的类型的人合伙可能会产生价值观冲突,这就要求我们具备从别人的视角看问题的开放性思维,同时更要明确一些议事规则。

## 三、互成的机制——合伙的保障

如果我们有幸找到了能力互补又理念互信的合伙人选,在恭喜你的同时也要提醒你千万不要高兴太早。如果大家都不能或者不好意思把合伙的责权利制定清楚,并依次形成合伙协议以及合伙制度,最后很可能就会出现合伙四部曲中戏剧性的一幕,从同心同德走向同床异梦之后,就是同室操戈，到最后同归于尽！

## （一）入伙机制

### 1.选择规则

（1）确定合伙类型

首先要根据我们的合伙目的，选择不同层次的合伙类型（详见第三章合伙分类）。因为不同层次的合伙类型对合伙人的能力要求自然不同，合伙人的利益诉求也不同，所以对合伙人的选择标准也就不同。

（2）互信的理念

根据合伙类型，匹配合伙人应该具备的合伙理念。

（3）互补的能力

根据合伙类型，匹配合伙人应具备的能力要求。

### 2.出资规则

我们为什么要和别人合伙，就是因为别人有我们不具备的能力、资金和资源，所以合伙出资就是有钱出钱、有力出力、有资源出资源，以及这三种形式的组合出资。如果公司与公司合伙，还可以用换股的方式出资。

（1）人力资本出资

如果在合伙时我们缺少资金，资源也有限，或者我们对合伙项目存在的潜在风险还不能承受，这几种情况就只能靠自己的能力出资。靠能力出资就是把自己的工资等自己能力对应的应得收入投资入股。

（2）现金出资

现金出资会出现两种情况：

一是承诺的出资部分或者全部未按时到账。对于只部分出资的情况，只能按实际出资分享股权份额。对于合伙人未能按规定日期出资的情况，视情况延期或者取消出资资格。

二是合伙人可能因暂时资金紧张而无法履行出资，如企业与员工合伙时，可能会出现员工有出钱意愿但暂时没有能力的情形。这种情况下，企业可以提供担保贷款、员工本人提供抵押、员工日后收入部分转入等方式进行出资。

笔者认为，合伙人部分出资与足额出资在责权利上应有一定区分。例如合伙份额打折或者分红打折等。

（3）资源出资

资源出资一般情况下可以分为实物出资和无形资产出资两种。

实物包括房屋、机器、设备、厂房等固定资产。合伙人实物出资应注意评估作价、产权转移、涉税处理等。

无形资产出资需要经过评估、所有权转移两个程序。

对于无形资产出资应注意三点：一是无形资产产权归属问题，其中重点关注在职期间的专利所属问题；二是无形资产的价值问题，即是否存在高估，是否导致虚假出资；三是无形资产出资程序的问题，即是否经过评估，中介是否具备相应资质。

上面我们对现实中能够作价的实物和无形资产做了简单介绍，在实际公司与员工合伙或者公司与上下游产业链合伙的模式中，公司通常是在供给侧以技术、生产能力、产品等形式出资，在需求侧以品牌、渠道、用户资产等无形资产进行出资。

## （二）分配机制

**1. 分工与协作规则**

一是根据每个合伙人的特长做好分工，明确自己的职能和应该承担的责任，最大化为组织做贡献；

二是要在明确自己主要职责的基础上，以最大化完成团队总体目标为中心进行协作，做到组织整体利益最大化。因为只有组织整体利益最大化，才能保证每个人的利益分享达到最大化。

比如，在一个公司里要保障公司利益最大化，后台花钱的职能部门要以服务赚钱的业务部门为主，赚钱的业务部门和花钱的客服部门共同服务好给钱的客户，给钱的客户满意服务价值，这个公司才能赚更多的钱，最终每个员工才能分到更多的利益。

**2. 权利规则**

权利规则就是要明确决策权、分配权、人事权等核心权力，以及运营权、管理权等权利的范围、边界、决策方式。不同的合伙模式层次不同，对应的权利也不同，具体内容我们在后面的相关章节会详细介绍。

**3. 分钱规则**

成功企业的老板都是分钱的高手。

华为任正非曾说："20多年来，我最重要的工作就是选人用人、分钱分权。把人用好了，把干部管好了，把钱和权分好了，很多管理问题也就解决了。"。

对于合伙来说，能不能合得好、合得久，核心就在于能不能把钱分好。

那么具体如何分钱呢？笔者认为核心就是以下两点原则：

（1）根据合伙人出资所占股比分钱

合伙人拥有多少股权比例分多少钱，这个大家都知道。这里面我们需要强调一点就是如何分配股权的规则。前文我们介绍过人力、资金、资源三种出资方式。在实操过程中我们通常把这三种资本先切割为三部分股比，之后再根据每个合伙人对每种资本投入的比例核算出总占股比例。那具体是人力占比高，还是资金或资源占比高，取决于合伙项目是靠什么类型的核心能力驱动的。比如很多高科技企业主要靠人力资本驱动，那么人力股占比权重就要高；如果有一座山要开展旅游项目，那这座山的资源拥有者占股权重就要高；再比如合伙项目是靠投资赚钱的，那么资金出资方的权重就很重要。

（2）根据合伙人的贡献动态分钱

我们合伙人所占的股权通常确定后就很难调整，所以就要保持固定比例不变。而在公司的不同发展阶段，每个合伙人的贡献是不一样的，所以随着公司的发展，就会出现合伙人的贡献往往与所占股权比例存在极大反差，造成多劳不多得，少劳也不少分，显然最后的下场肯定不会太好。那么如何解决这种问题呢？核心思维就是要根据合伙人所做贡献分享收益。具体有以下几种方式：

一是做动态股权设计；

二是做同股不同酬的利益分配机制；

三是做增量利益分享机制。

4.账目规则

关于账目原则我们先看一下发生在新东方合伙人王强分享的"新东方愚蠢的事"的故事。

### 案例2-6 新东方的账目故事

乔布斯说做好一个企业就两个东西，一个是STAY HUNGRY（求知若渴），一个是STAY FOOLISH（虚心若愚）。那"新东方愚蠢的事"是什么呢？1999年公司开始股改，变成股份制，大家觉得既然我们都是股东了，我们要跟俞敏洪一样，拥有对这个公司全部的知情权、掌控权，当然这个掌控是按照股权有所区别的，但是知情权要有一样的权利，于是为此打了三年。

首先，从做账开始。2002年，新东方全部利润大概800万元，请世界五大的德勤来做账，德勤开出450万元的价格做新东方一笔账。老俞说，今年做这笔账，大家没钱分红了。大家说，宁可饿着，也要搞清楚公司究竟属于谁的。老俞尽管非常郁闷，但在这种情况下，他还是接受了集体的意志，同意花450万元做账。几个月后，德勤拿出18页的财务报表，新东方的账目非常简单。

德勤说没见过你们这样的企业，你们收入这么少，做18页的账要干什么。老俞非常郁闷，大家做完了以后也郁闷，因为今年没钱分了。幸亏当时大家对物质没什么期待，既然已经骑了三年自行车，顶多再多骑一年，也没什么。要命的是，后来董事会又说，德勤这笔账可不可信，要审计一下，我们心里这块石头才能放下来，大家才知道我们是不是作为一个战车往前奔。

于是，第二年他们找到了普华永道，普华永道说你们千万别花四五百万做这个审计，德勤做的账你们应该相信。但董事会不相信，说一定要再花四五百万。最后，普华永道大概一个月出了三页审计报告，说德勤的账没有一个是错的。普华永道签字盖章，新东方又交了将近450万元。把新东方将近一年的利润都花了，最后换来了21张纸。这21张纸大家非常珍惜，买了一个非常好的保险箱，让会计赶快锁了——人在保险箱在，这里面有大钱，里面存了800万元。到了2004年，突然有一个咨询公司找上来给新东方做咨询，说新东方会很值钱，怎么也值50亿元吧，当时新东方整体市值才一亿元。

2004年底,美国老虎基金开始关注中国的教育市场,突然发现了新东方这个非常有特色的公司。他们的投资人陈晓红找到新东方,有兴趣考虑将新东方作为投资中国教育企业的第一个试点。

陈晓红看到德勤和普华永道做的报表,大吃一惊,说考察中国那么多企业,没有一个企业能拿出这样一个东西来。晓红当时说:"好吧,我投1000万美元进来,你给个价吧,一个礼拜以后把钱打到你们账上。"就因为这21页审计报告,歪打正着,让投资人看到了新东方的潜力。

我不知道你看了上面的故事有什么感受,也许我们很难像新东方那么较真,但做好账目清晰、公私分明的财务流程是绝对必要的。比如,定期向合伙人公示财务报表,并接受合伙人的检查;建立审计机制,如果合伙人对账目有疑问,经过合规的决议程序后,可以启动内部审计程序,或邀请第三方审计;资金支出超过一定数额的需提前请示合伙人。

如果不能做到账务清晰、公私分明,不仅不利于公司良性发展,更有可能在合伙人出现矛盾时,造成更为严重的后果。轻则会被国家相关部门巨额罚款,重则会被送进监狱,有很多知名企业的创始人都因财务问题被合伙人揭发进了监狱。

### (三)退伙机制

天下没有不散的宴席,合伙创业也一样,有合伙就有散伙。

**1.导致散伙的三种情形**

第一,你以及其他合伙人不愿意和某个合伙人合伙了。比如,他由于能力或意愿问题,贡献少拿得多,拖累大家;或者是品行有问题,给大家造成损失或伤害。

第二,某个合伙人不愿意继续合伙,认为你们和他理念不合或者他因为特殊原因不能正常履行合伙人应该履行的责任和义务;

第三,大家都不愿意一起合伙了。

有以上三条原因,也有大家都同心协力但是合伙项目却因其他因素难以为继而关停散伙。

不论哪种原因导致的散伙，事先都要明确约定退出规则，尽可能做到好聚好散。

**2.退伙的五种情形**

（1）协议退伙

合伙协议约定合伙期限的，在合伙企业存续期间，有下列情形之一的，合伙人可以退伙：

①合伙协议约定的退伙事由出现；

②经全体合伙人一致同意；

③发生合伙人难以继续参加合伙的事由；

④其他合伙人严重违反合伙协议约定的义务。

（2）通知退伙

未约定合伙期限的合伙人在不给合伙企业经营运行造成不利影响的情况下，可以退伙，但应当提前30日通知其他合伙人。

（3）当然退伙

合伙人有下列情形之一的，可视为当然退伙：

①作为合伙人的自然人死亡；

②个人丧失偿债能力；

③作为合伙人的法人或者其他组织依法被吊销营业执照、责令关闭撤销，或者被宣告破产；

④合伙人在合伙企业中的全部财产份额被人民法院强制执行。

当然退伙以退伙事由实际发生日为退伙生效日。

（4）除名

合伙人有下列情形之一的，经其他合伙人一致同意，可以决议将其除名：

①未履行出资义务；

②因故意或者重大过失给合伙企业造成损失；

③执行合伙事务时有不正当行为；

④发生合伙协议约定的事由。

（5）散伙退出

①企业歇业，清算散伙；

②走向上市，企业改制。

企业解散应该明确两点：

一是合伙人对合伙企业债务是否负连带责任；二是企业财产分割的原则。

**3. 具体设计退出机制时应把握的要点**

（1）提前约定退出方案

在创业之初，就要设计好退出方案。如约定好在什么阶段合伙人可以退出，以及退出后股权怎么安排。

比如：在公司成立一年之内退出，要全部收回股份；在公司成立一至二年退出，公司收回75%的股权；在公司成立二至三年退出公司收回50%的股权……

总之，当合伙人退出公司后，要根据其在公司的贡献大小及时间长短来约定股权怎么回收。一次性收回也未尝不可，前提是要在分配股权的时候，征得合伙人一致同意。

（2）溢价或者折价收回股权

合伙人中途退出，公司的其他合伙人有权收回股权。如果退出时公司价值与加入时对比增值了，那么收回价格要参考合伙人购买时的价格、公司净资产、公司最近一轮估值等要素综合评估，给出高于当时股权的价格，溢价退出；相反，如果公司价值贬值了，自然就会折价退出。

出资退还必然会对企业运营造成一定的影响，因此在设计退还机制时，还应充分考虑企业的运营需求，确定合伙人出资退还的期限。此时，企业应尽量避免一次性退还，以免对企业资金造成较大压力。如，退还期限为两年，每年退还合伙人应得数额的50%。

（3）设定违约惩罚条款

原则上，合伙者不能轻易退伙，或者说至少有个合伙的期限，三年或者五年，都应该在合伙协议中约定。如果因为合伙人本身的过错，违反了合伙时约定的某些条款被辞退，则仅退还其所缴纳的本金，并按照当月的银行利率进行利息补偿，但不享受红利。

此外还应规定：合伙人自动离职或个人主动辞职等，仅退还其所缴纳的本金，并按照当月的银行利率进行利息补偿，但不享受红利。

在现实生活中，有些合伙人在退出公司时不愿意让公司购回其股权，合伙创业团队处理这种问题时就会非常棘手。所以，提前设置好高额违约金条款是十分必要的。

### （四）合伙协议及制度

当我们明确了合伙人之间如何入伙、责权利如何分配以及如何退出，接下来就要根据这些内容形成各种合伙协议。比如《合伙经营协议》《合伙人出资确认书》《合伙人股权分配协议》《合伙人股权代持协议》《合伙人资产分割协议》《合伙人退出协议》等。

除了合伙协议，我们也要根据合伙三支柱的理念，在日常工作中不断总结和优化合伙人应该遵循的理念和原则，变成能指导每个合伙人日常行为的合伙制度。

# 第三章

## 合伙的分类

### ——一条主线、两个维度、五种合伙

企业作为一个独立的生命体，自有其成长进化阶段。

企业在不同的阶段有不同的使命和目标，所以在不同的成长阶段，需要吸收匹配该阶段能力模型的合伙人，当然每个阶段的合伙机制也各不相同。

那企业成长阶段该如何划分，每个阶段的特点及合伙模式是什么样的？

这其中有哪些模式、工具可以为大家所用？

本章对全书五种合伙模式进行了提纲挈领式的提炼总结，读来酣畅淋漓，一起品读吧！

## 3.1 分类前应思考的三大问题

关于合伙模式具体应该分为哪几类，与合伙定义一样，目前大家也都没有统一的认识和分类标准。

在我们给合伙进行分类之前，我们从企业的视角来看，有必要先回答一下与合伙至关重要的三个问题：

我们合伙的目的是想实现企业的什么目标？

为实现企业的目标，我们需要与谁合伙？

企业与不同类型的人合伙，有哪些利益分配模式？

对这三个问题我们将分别从企业成长进化阶段、合伙对象选择以及股权模式三个方面给出答案。

## 3.2 企业成长进化阶段

任何一个成功的大企业都是从小到大，经历很多成长阶段，通过不断地为客户创造价值而实现自身价值，并最终成长为生态型企业，比如如日中天的阿里、腾讯。对于企业成长阶段的研究有很多知名管理学者的论述，同时对企业成长阶段也有很多划分标准。如最著名的爱迪斯的"企业生命周期"理论，就把企业划分为孕育期、婴儿期、学步期、青春期、盛年期、稳定期、贵族期、官僚化早期、官僚期和死亡期十个阶段。

### 一、企业成长进化四个阶段

根据我们对企业成长进化规律的理解，我们可以把企业成长分成创业阶段、成长阶段、分蘖阶段、转型（衰退）阶段四个阶段，如图3-1所示。

企业之所以存在，唯一的理由就是能为客户更好地解决他们生活或工作中存在的问题，即创造客户价值。企业只有通过创造客户价值才能获得更多财富收益，即实现企业价值。所以，企业存在的目的是通过为更多客户解决更多问题来获得持续的价值增长。

图 3-1　企业成长进化阶段

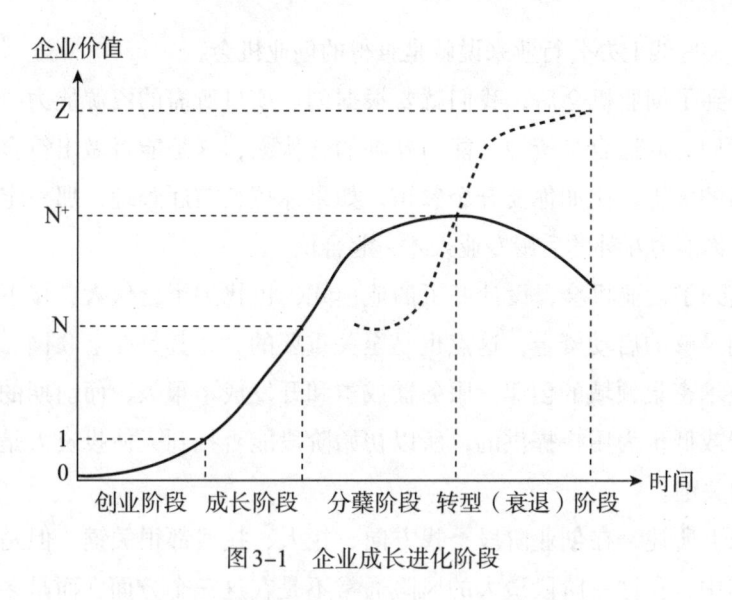

## 二、企业各阶段的目标及策略

在图3-1企业成长进化阶段模型中，纵轴表示企业价值，横轴是企业成长的时间周期。在企业成长的四个阶段中，因每个阶段创造的客户价值不同，对应企业获得的价值也不同。为了实现企业价值最大化，每个成长阶段都有特定的发展目标，为实现阶段发展目标，我们必须有与之匹配的路径方法、资源能力和合作机制。

### （一）创业阶段的企业目标及策略

在从0到1的创业阶段，企业的主要目标是能发现商业机会，并做出产品，让企业活下来。能否实现这个阶段的目标，概括起来就是看在找方向、找人、找钱这三方面做得好不好。

创业方向就是在哪些领域可以找到适合自己的创业机会。我们可以从社会、经济、政策等宏观趋势的变化出发，找到一个适合自己的切入点，寻找创业机会；也可以从一个现有市场未被解决或未被更好满足的客户问题出发寻找商业机会。比如全球疫情虽然给很多行业带来了毁灭性打击，但是对于一些线上办公行业来说就是难得的创业机会。

找到了创业机会后，我们就要根据创业项目所需的资源能力，去找能够和我们志同道合且资源、能力互补的合伙人，这是能否做出符合客户需求产品的关键。比如你要开个餐馆，如果你擅长前厅管理，那一定要找个能够与你能力互补的后厨专业人才一起合伙。

找到了创业机会，设计好了商业模式，也找到了合伙人，接下来就需要找到足够的启动资金，这点也是至关重要的。尤其是在互联网、人工智能等技术密集领域的创业，服务器成本和开发成本很大，而前期的产品多是免费或低价为用户提供的，所以初始阶段能否找到天使投资人是坚持走下去的关键。

如上所述，在创业阶段，找方向、找人、找钱都很关键。但是实际创业过程中，在这一阶段最大的风险通常不是在这三个方面，而是多发生在责权利机制设计不合理上，最终导致创业失败。

### （二）成长阶段的企业目标及策略

当产品经过市场验证，能满足早期种子客户的核心需求，同时自己也能获利，接下来你就需要提升产品性价比让更多的大众客户接受，扩大市场规模。这时我们就进入到从1到N的企业成长期。在这一阶段我们核心目标是通过核心爆品策略快速占有市场份额。

要实现快速占有更多市场份额的目标，一是在企业内部需要更多人才加盟，比如，需要更多技术人才来不断完善我们的产品功能，需要更多运营人才把产品推向市场等。如何才能吸引行业优秀的人才加盟，核心是要建立吸引人才并留住人才的利益分享机制。二是在企业外部，我们要不断完善产品供应链，确保产品能够及时供应，并且有质量保证，同时也要快速扩展产品的销售渠道。

### （三）分蘖阶段的企业目标及策略

当产品在市场上已经具备一定的市场地位，这时就进入了企业N到N+的分蘖阶段。在这一阶段，靠单一的产品我们已经很难获得企业价值增长，需要以主营产品为核心，扩展相关产品来满足客户的互补性需求。比如，滴滴出行从开始的出租车市场进入，在成长期滴滴与快的为争夺市场采取大规模补贴的方式展开激战，最后通过合并实现了市场领先地位，后来又击败了优步，彻底成为出行领域的霸主。成为霸主后，滴滴就围绕为人们解决出行难的问题，逐步推出一系列的出行服务，如专车、快车、顺风车、代驾、拼车，甚至共享单车等与出行相关的服务。这一阶段成功的关键是要明确自己的使命是什么，即清楚自己的业务边界是什么，比如，滴滴的使命是让出行更美好，出行领域就是自己的业务边界。在这一阶段，核心目标是根据业务边界做相关业务的多元化，满足客户的互补需求，而不是盲目多元化。在这个阶段，企业核心目标是通过相关多元化来获得价值增长，它不仅要做大而且要做强，所以需要企业进一步巩固自己的行业领先地位。这时的企业往往在横向上通过自己积累的资源及能力并购与自己业务相关的企业，在纵向上与产业链上下游建立更紧密的一体化合作或者合伙关系。同时因多业务的管理需要，组织模式采用的是事业部的分权结构。

### （四）转型（衰退）阶段的企业目标及策略

当一个企业走过分蘖阶段之后，企业业务通常会遇到发展瓶颈，出现组织僵化，这是企业进入转型（衰退）期的典型特征。进入衰退期的企业需要靠及时的组织业务转型才可能再次获得增长，否则多伟大的企业也肯定难逃倒闭的风险。比如诺基亚、柯达等都曾经是如日中天的大企业，就是因为到了该转型的时候没有成功转型，才会衰败。现任微软首席执行官萨提亚·纳德拉在他写的《刷新》这本书中有这样一段话："每一个人、每一个组织乃至每一个社会，在到达某一个点时，都应点击刷新——重新注入活力，重新激发生命力，重新建构组织并重新思考自己存在的意义。"这段话对于转型期的企业来说真是表达得恰如其分。当纳德拉成为已经处于转型期微软的首席执行官时，纳德拉开始重新审视微软这家公司到底是做什么的？微软为什么存在？是什么使得微软与众不同？这些问题让他们重新发现了微软的灵魂，并重新定义了微软公司的使命，从"让每个家庭、每张办公桌都有一台电脑"的使命变成"予力全球每一个人、每一个组织，成就不凡"新的使命。同时也明确了公司"移动为先、云为先"的新战略。纳德拉及时的转型措施,让他在上任后仅用三年时间就让微软市值增长了一倍。

所以,进入转型(衰退)阶段的企业最为关键的目标就是要能成功实现组织和业务转型,培育出公司第二条曲线的新业务,从而获得企业的可持续增长。能否成功转型,我们还是借用纳德拉《刷新》书中说过的一段话:"领导者必须同时看到外部机会和内部的能力与文化,以及它们之间的所有联系,并在这些洞察变得众所周知之前率先反应,抢占先机。这是一种艺术,而不是科学。领导者未必总能做到正确,但平均成功率将会决定他或她在行业中的资历。"从这段话中我们不难看出,企业转型是一个系统工程,它要平衡好外部机会与内部能力以及组织文化,然后做出最佳决策,而是否有一位卓越的领导者来主导这场变革,是关键之中的关键。在中国,我们看到,更多的企业转型是靠创始人重拾领导力而进行大刀阔斧的转型,比如海尔,如果不依靠张瑞敏怎能实现成功转型?

当下,中国的很多传统企业都面临新趋势下亟待转型的问题。如果转型方向很清晰,同时企业领导者也能充分认识到转型的必要性,那企业接下来最难落地的,也最关键的就是实现企业的组织转型,因为战略要靠组织来支撑落地。几乎所有的企业组织转型的方向都是要从成长期的金字塔组织、分蘖期(成熟期)的事业部组织,变成以客户为中心的市场化平台型组织,甚至市场化生态型平台组织。这种组织由业务团队、共享平台和生态合作伙伴组成,它不仅能敏锐地感知外界环境快速的变化,并能及时做出响应以满足客户不断变化的需求。通过这种组织既可以管理成熟业务,也可以培育新业务。

企业能否做到以客户需求为中心,组织内部员工和外部合作伙伴协同一体化,变成生态型平台组织,系统地设计好共生的利益分享机制是最关键的。

## 3.3　我们都可以和谁合伙

上面我们介绍了企业成长进化的四个阶段，为实现企业价值最大化，在每个阶段企业都有不同的核心目标要完成。为完成每个阶段的目标，企业需要不同的核心资源能力，而获得这些核心资源能力，就需要与不同的人或组织合伙来实现。

在创业阶段，企业的目标是发现创业机会，做出未被满足的、客户需要的好产品让企业活下来。为实现这个目标，创业项目的核心发起人就需要找到志同道合且能力互补的"创业型人才"成为合伙人，一起创业。

在成长阶段，企业的目标是完善产品并通过爆品策略最大化抢占市场份额。为实现这个阶段目标，企业需要和技术、运营、营销等专业人才合伙一起奋斗。

在分蘖阶段，单一的产品已经无法满足客户的需求，企业增长也遇到瓶颈，这时企业就需要围绕现有的技术、渠道、品牌等资源能力扩展业务线来满足现有客户的互补需求。为实现这个阶段目标，企业需要和更多的骨干员工、开拓新业务的核心人才以及企业产业链上下游伙伴一起合伙。

在企业进入转型（衰退）阶段，原有业务开始衰退，企业要想获得持续增长必须通过组织和业务转型来获得重生。在这个阶段，为实现企业目标，企业需要和一线员工、扩展新业务的创新创业型人才、外部生态链伙伴一起合伙。

## 3.4 股权模式的分类

每个人或群体选择合伙的最终目的是想获得与自己投资相比较而言有更多增值收益的利益分享，合伙利益分享既可以是追求长远价值的"实股"，也可以是共享短期利益的"虚股"。

### 一、实股

所谓"实股"，是指可以在工商登记中体现，享有股东身份（间接持股的股权持有者取得的是持股平台的股东身份）的实实在在的股权。在实际运用中实股又包括现股、期权、期股、限制性股权、业绩股权、延期支付等。

#### （一）现股

现股，顾名思义，就是现在就让股权持有对象获得实实在在的股权，没有锁定期。

**1.一般公司授予员工现股可以有三种方式**

第一，全价或者折价现金出资购买；

第二，根据员工的历史贡献和未来潜力免费赠予；

第三，激励对象采用自有的发明专利等技术类知识产权出资。

**2.现股模式（股权认购模式）的特点**

第一，当股权贬值时，股权持有者要承担相应的损失。

第二，现股的持有人一般具有完整的股权权益，包括自益权和共益权。自益权是专为股东自己利益行使的权利（如公司利润的分配请求权、剩余财产分配请求权、优先购买权等）；共益权则是既为股东且兼为公司两者利益而行使的权利（如表决权、召集股东会请求权、账簿查阅请求权等）。

第三，一般情况下都需要投入一定额度的现金。

第四，对员工实施的现股模式，通常因要求激励对象与股东利益绑定在一起，大家风雨同舟，所以要求员工在一定时期内持有股权，不得出售。

## （二）期权

期权是指公司给予激励对象在将来某一时期以预先确定的价格购买一定数量股权的权利。激励对象到期可以行使或放弃这个权利，购股价格一般参照股权的当前价格确定，行权前没有分红权，行权后变为实实在在的股权。

### 1. 期权实施的三阶段

期权实施主要包括三个阶段（如图3-2所示）：授予、行权、出售。

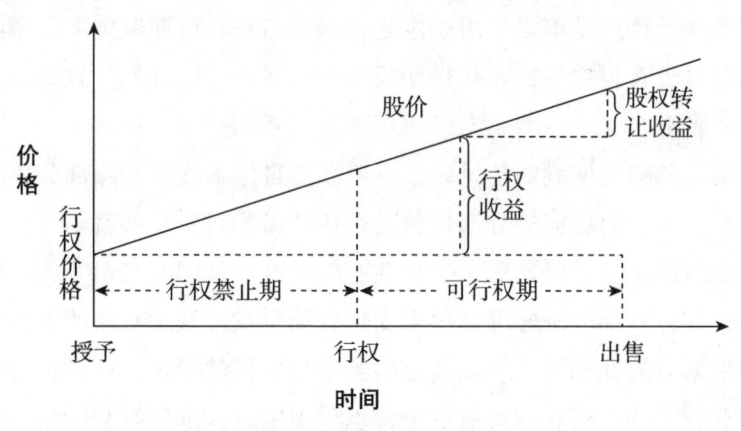

图3-2 期权收益模式

在授予时，公司会与激励对象签订《期权授予协议》，该协议规定了授予期权的各项细则以及双方的权利义务。在行权之前，一般会设置一个行权禁止期，又称为锁定期或等待期。行权禁止期满后，进入可行权期，又称为释放期，一般情况会设置三年分批释放的规则，比如每年依次释放30%、

30%、40%。当激励对象行权时，会形成一个"行权收益"，也就是行权时的市场股价和行权价格之间的差额。行权后，如果继续持有且股价继续上涨，激励对象出售股票时，就会产生一个股权转让收益。

**2. 适合实施期权模式的企业特征**

第一，成长性好，具有潜力，处于高速发展期，未来有高成长性或上市预期；

第二，企业对人力资源依附性强；

第三，企业处于竞争性行业，需激励对象为企业付出更多的努力。

## （三）期股

公司将一定比例的股权授予激励对象，并约定股权购买价格，激励对象需在未来一定时间内，向公司支付相应对价方可获得股权的所有权。在未支付全额对价前，不能获得股权对应的完整权利，但可享有分红权。

**1. 期股的特征**

期股和期权相比，期权在授予的时候激励对象并不用花钱来购买期权，而是在几年等待期结束之后再确定是否掏钱行权。而期股则需要激励对象掏钱给付部分首付之后，才获得期股资格，然后再以分期付款的方式最终获得公司股份。

激励对象购买期股的首付款，一般需要自己拿钱或扣除部分年终奖的方式进行支付；而后面的分期付款是否还要激励对象拿钱就不一定了。因为当激励对象交了首付之后，全部期股的分红权就同时交给了他。如果他业绩好，其分红部分刚好可以用来支付分期付款，激励对象就不用再拿钱了；如果期股的红利大于协议规定的当年分期付款额度，可以将这部分红利作为获授人的投资收益发放现金，也可规定将这部分红利所得，全额用于期股的偿付，超额偿付的部分用于弥补后续年度不足部分。当然，如果激励对象业绩不好，全部期股红利小于协议规定的当年分期付款额度，就需要激励对象用现金补足。因此，期股模式又称为利润分红回填股权模式。

在期股模式中，股份价格一般按净资产定价。期股的偿付价格为授予期股时企业的每股净资产，而且不管以后企业净资产增减多少，授予对象都以授予时的期股价偿付，这与期权的设计原则是完全一致的。

需要注意的是，这种以既定价格认购、分期付款的方法获取的期股，激励对象在偿还完所有的购股款前，只享有全部期股的分红权，而没有所有权。只有在购股款项都缴清之后，期股的表决权、收益权和所有权才属于激励对象个人所有。

**2. 期股模式的操作要点**

公司和激励对象约定在将来某一时期内，以一定价格（一般是授予时的每股净资产）购买一定数量的股份。

激励对象在被授予期股时，需要先以现金出资认购期股。现金出资这部分称为实股，认购部分称为期股。但是，实股和期股都不能马上兑现，而是先取得实股和期股的分红权、配股权等部分权益（没有投票权和对实股的处置权）。

分期按约定价格购买期股的所有权，购股资金来源依次是期股分红所得、实股分红所得和现金。如本期分红所得不足以支付本期购股款项，以购股者其他资产或现金冲抵。

在既定时间内支付完购股款项后，取得完全所有权，但期满后还有一定年限的锁定期（如1~2年）。

锁定期结束之后，激励对象成为公司真正的股东，拥有其所持股份的分红权、控制权和所有权等各种股东权利。如果是非上市公司，则需要到工商部门进行股东变更登记。

**3. 适合采用期股模式的企业**

（1）具有明确上市计划的非上市企业

对有明确上市计划的企业，可以先用期股对经理人进行3~5年的激励。然后在原始股的效应下，还可以对经理人进行3~5年的激励。

（2）所有适合期权的非上市企业

期股和期权的设计原理是一样的，因此对于处于竞争性行业、人力资本依附性较强、公司成长性较好的非上市公司，在确定使用期权还是期股模式的时候，主要看是否要加强对授予人的约束，如果回答"是"，那么就选择期股模式。

（3）非上市的国有企业

在非上市的国有企业中，配合股改使用期股激励模式是一个各方面都能接受的选择。

## （四）限制性股权

限制性股权，是指按照预先确定的条件授予激励对象一定数量的公司股权，激励对象以一定的折扣价，即期投入现金进行购买并锁定，但只有在符合规定条件（工作年限或业绩目标、特定成果等）时，才可逐步释放、出售并从中获益的股权模式。

**限制性股权的主要特征**

第一，限制性股权一般都有业绩条件、禁售期、限售期方面的安排；

第二，激励对象会相对"容易"地取得股权，而把对激励对象的考核放在股权退出时点，对激励对象和股权约束性也较强，适合长期锁定人才。

## （五）业绩股权

公司在某一时点，为激励对象确定一个合适的业绩目标，以及与之相应的股权授予数量（或激励基金提取额度），若激励对象在未来约定的考核期内通过了业绩考核，公司将奖励其一定数量的股权（或提取一定数量的奖金基金为其购买约定数量的股权）。

**1. 业绩股权适用企业特点**

业绩股权一般适用于现金流充裕，处于稳定期或成熟期的企业。

**2. 业绩股权的特征**

采用业绩股权模式时，激励对象在远期支付购买的资金，但购买价格参照即期价格确定，同时从即期起就享受股权的增值收益权，实际上相当于激励对象获得了购股资金的贴息优惠。因此，有时也将这种方式称为"股权认购权"。

在业绩期权计划中，在股权尚未转移时，激励对象不具有与股权对应的表决权；在股权发生转移之后，如果激励对象直接持有股权，一般会获得全部的股权权益。

**3.业绩股权的主要特点**

第一,业绩股权一般都有禁售期,禁售期内不得出售;

第二,业绩股权有严格的限制条件,若激励对象出现业绩未达标、损害公司利益或者离职等情形时,公司有权取消其未兑现的股权,或根据损害公司利益程度,决定已经行权的股权是否无偿收回。

## (六)延期支付

公司将为激励对象设置专门账户,将一定比例的薪酬按照当期公司股权价值折算成相应比例的股权放入激励对象名下,经过一定期限后,将对应的股权交付给激励对象,或按照届时的股权价值换算成现金,支付给激励对象。

**1.延期支付适用企业的特点**

这种模式适合业绩稳定,处于成长期或成熟期的公司。

**2.延期支付模式主要特征**

第一,捆绑期限相对较长(可一直延续至激励对象退休时),可以避免激励对象短期行为;

第二,约束性较强,有利于将公司股东与激励对象利益紧密结合起来;

第三,激励对象是否能获取收益,取决于退出时点公司股权的价值,因此激励对象会在此期间内一直关注公司价值的增长;

第四,激励对象获得的初始股权实际上是工资薪金的一部分,考虑到获取实际收益的时间成本,如公司价值增长幅度不大,则激励力度相对较弱。

## 二、虚股

所谓"虚股",就是股权持有者不能取得真实股权,不能取得股东身份,但可以享受股东相关的其他财产权利,如分红权等。在实际运用中虚股又包括:分红权、增值权以及分红权+增值权的虚拟股权三种模式。

## (一)分红权

分红权是指公司将部分分配利润的权利奖励给企业核心人才的激励方

式，主要采用岗位分红和项目分红，或者定额分红、超额分红方式。

**1. 分红权方案的两种操作方式**

（1）定额分红

就是依据预先确定的比例，把在一定时间周期内实现的利润分配给激励对象。定额分红权就是授予激励对象一定比例利润的权利。

（2）超额分红权

就是指超出利润目标后的分红权。比如目标利润是100万元，利润单元A当年实际实现利润150万元，则超额利润为150-100=50万元。如果确定分红比例为50%，则利润单元A可以获得50×50%=25万元的分红。

**2. 分红权的特征**

在分红权方案中，股东让渡的仅仅是分红权益，增值权、投票权、处置权等还在公司股东手中，不会稀释股东的股份，但会对公司造成现金压力。激励对象往往不需要支付现金认购，有时需要支付押金，所以不会对激励对象造成较大的资金压力。因此，分红权方案适合现金充沛、利润丰厚稳定、不想或不能稀释股权的企业。

## （二）增值权

股票增值权，是指公司给予激励对象一种权利，如果公司股价上升，激励对象可通过行权获得相应数量的股价升值收益。被激励对象不用为行权付出现金，不用实际认购股票，即可在规定时间内获得规定数量的股价上升所带来的收益（期末股票价格减去约定价格）。但被激励对象不拥有这些股票的所有权，自然也不拥有表决权、分红权、处置权。

**1. 增值权的特征**

由于激励对象并未实际购买股票，故可避免"激励风险"的发生。

按照合同的具体约定，股票增值权的实现可以是全额兑现，也可以是部分兑现。另外，股票增值权的实施可以用现金实施，也可以折合成股票来实施，还可以采用现金和股票组合的方式。

股票增值权通常以现金形式来实施，有时也叫"现金增值权"。由于增值权并不实际认购股票，仅通过模拟股票市场价格变化，在规定时段获得由公司支付的行权价格与行权日市场价格之间的差额,故也称之为"虚拟股票增值权"。

非上市公司在操作中多以账面价值,即"每股净资产"作为计价标准,行权收益等于行权时的每股净资产减去授予时的每股净资产,差额部分由公司以现金形式支付。如果在有效期内,每股价值低于当初授予时的价值,则差额为负数,激励对象可以放弃。

**2.股票增值权的利弊**

(1)股票增值权的有利之处

一是不影响公司股本结构,不会稀释原有股东的股权结构;

二是被激励对象不需要支付行权现金。

(2)股票增值权的不利之处

公司往往需要以现金形式支付,会给公司造成较大的现金支付压力。

**3.股票增值权与分红权的区别**

股票增值权与分红权最大的区别在于,股票增值权更注重未来的增长性,只有每股价值增长,激励对象才能获得收益;分红权则更多关注过去的业绩和现在的业绩。

## (三)虚拟股权

虚拟股权是"分红权+增值权"的组合模式,也是期权的一种衍生形式,是指公司授予被激励对象一种"虚拟"的股票,激励对象可以根据所持有的虚拟股票计划,享受一定数量的分红权和股价升值收益,但没有所有权和表决权,不能转让和出售,在离开公司时自动失效。

## 3.5 合伙的类型

下面我们将探讨本章的重点内容，即合伙如何分类以及每类合伙的具体含义。

### 一、合伙分类模型

通过上面的介绍我们知道，企业合伙的目的是实现自己的阶段目标，而合伙对象的范围边界从企业内部员工合伙，到企业外部产业链上下游以及生态链合作伙伴的合伙，别人之所以愿意与我们合伙，其核心是因为能够共享实股或者虚股带来的股权收益。

根据我们对合伙的理解，可以据此对合伙模式进行分类。即，以企业成长进化周期为主线，从合伙对象选择（企业内部与外部）和合伙利益分配（实股与虚股）两个维度的四个方面把合伙分成创始合伙、事业合伙、裂变式创业合伙、生态链合伙、经营合伙（又可细分为开放式经营合伙、封闭式经营合伙）五类模式。

我们需要强调的一点是，因企业所在行业和自身的情况有所不同，所以并不是每类合伙模式都会发生在四个成长阶段的某一个固定成长阶段，比如事业合伙通常发生在企业的成长期，但不排除企业从初创期就开始搞事业合伙人计划。再有企业成长周期也并非泾渭分明，我们以企业成长周期为主线来探讨合伙分类，主要目的是想让大家知道合伙的唯一目的是要实现自己的特定阶段发展目标，从而实现企业的可持续增长，最终让企业价值最大化。

| | | |
|---|---|---|
| 企业外部 | 开放式经营合伙 | 生态链合伙 |
| 企业内部 | 封闭式经营合伙 | 创始合伙<br>事业合伙<br>裂变式创业合伙 |
| | 虚股 | 实股 |

图3-3 合伙分类模型

## 二、合伙类型简介

下面我们对五种合伙的含义做个简要的阐述。

### （一）创始合伙

创始合伙是指企业刚刚成立时创业项目的核心发起人与志同道合、能力互补并一起出资共担风险的联合创始人之间的合伙。

几乎很少有人靠单打独斗开启创业成功之旅。创业初期如果只能做一件事的话，首当其冲的就是找到和我们志同道合、能共担风险且资源能力互补的人谈合伙。那些成功的企业，哪一个不是在创业之初就找到一些适合的合伙人？就拿互联网巨头来说，腾讯创业时有五虎将，百度创业时有七剑客，阿里巴巴创业时有十八罗汉。

### （二）事业合伙

当公司走过初创期，开始步入快速发展期的时候，我们就需要更多的优秀人才加盟，以便获得更多的市场份额。对一些高度认同企业使命、核心价值观的核心人才，公司需要与他们建立事业共同体关系。通过让他们出钱、出力等出资方式，拥有公司实股股权（公司通常采用期权、期股、限制性股权、业绩股权等实股模式），建立起与公司共同经营、共担风险、共享收益的合伙模式，我们称为事业合伙。

事业合伙模式的常见应用有如下三种：

第一，具有一定规模的公司，在发展期吸纳核心人才合伙。

第二，处于衰退期的企业，在转型期，把核心人才从雇佣关系转变为公司平台+事业合伙人的模式。

第三，小微企业的老板，与核心人才形成事业合伙。

## （三）裂变式创业合伙

裂变式创业合伙通常发生在公司的分蘖期以及转型期。此时公司为了达成可持续增长的战略目标，通过投资自身积累的优势资源，以参股、控股与内外部人才合伙创业的方式，发展公司第二曲线业务。

裂变式创业合伙两种类型：

### 1.创新型裂变式创业合伙

重新审视公司外部环境和在公司内部积累的资源能力，用技术及模式创新，独立发展公司第二曲线业务，从而让公司持续获得增长。任何公司的业务都会经历从高速成长到成熟、衰退的生命周期。如果主营业务不能在分蘖期就开始布局新业务，多么伟大的公司都可能面临倒闭的风险，尤其是市场出现颠覆性替代产品时，如诺基亚、柯达等伟大的公司都遭遇过这种挑战。而有些公司总能不断跨越非连续性，开创出新的业务线，比如我们都熟悉的腾讯，从PC时代的QQ，到现在几乎我们每个人每天都用的微信，即便如此，微信也会面临抖音、快手等短视频社交软件的挑战。阿里巴巴围绕"让天下没有难做的生意"的使命，从电商延展出钉钉等多条第二曲线业务。再比如字节跳动从今日头条孵化出抖音、西瓜短视频等新业务。

### 2.拆分型裂变式创业合伙

把成长型公司成熟业务中的基本价值链或者辅助价值链拆解出来，与被拆出业务的核心人才进行合伙。如阿里巴巴的支付宝，本来只是为解决买卖双方信任问题的辅助性支付工具，现在把它独立拆分出来，变成独立的蚂蚁金服，为更多第三方企业服务。

### （四）经营合伙

经营合伙简单来讲就是合伙人之间的利益分配采用分红权、增值权等虚股而非实股的合伙模式。华为的虚拟受限股就是"虚股"，员工只能享受利润分红收益和股份差价带来的增值权收益，这种股权既不能转让，更不能变卖。

经营合伙模式通常是以企业打造的资源共享平台+业务团队的组织架构形式存在。企业与业务团队是平等的合伙人关系，业务团队可以是一个产品小组、一个项目、一个门店等。

**1. 经营合伙的两种类型**

如果业务团队只来自公司内部员工，我们称为"封闭式经营合伙模式"，如韩度衣舍的产品小组制模式。

如果合伙人不仅仅来自内部，还有对外开放的经营合伙，我们称为"开放式经营合伙"，如7-11连锁便利店。

**2. 经营合伙的特点**

这种模式通常更适合企业成熟后，企业转型进行组织变革时采用。企业把自己打造成为资源平台赋能给面向市场一线员工的业务团队，从而改变公司与员工的关系，即从"公司+雇员"关系变成"平台+合伙人"关系。

### （五）生态链合伙

生态链合伙简单来讲就是企业为实现自身战略目标与外部合作伙伴基于实股的合伙。

企业可以通过生态链合伙整合企业上游供应商、品牌资源、下游渠道商等产业资源成为产业生态型企业，从而实现企业的战略布局。比如小米通过生态链合伙让自己成为目前世界上最大的消费级AIOT（人工智能物联网）平台。

# 第四章

## 创始合伙

——创业成功从设计好顶层架构开始

道生一，一生二，二生三，三生万物。

每一家企业都是从创始合伙开始的，那创始合伙阶段应该找什么特质的合伙人呢？

创始阶段的商业模式该如何设计？

创始阶段的股权顶层架构该如何设计，合伙制度该如何设计？

这些在创始阶段核心且具体的问题，将在本章中为读者一一展开。

## 4.1 创始合伙的定义

创始合伙简单来说就是指一个公司从0到1诞生时的合伙，是公司核心创始人联合他人以理念互信为前提，以能力互补为基础，为了共同的利益目标，共同经营、共担风险、共享收益的紧密合作。

在谈具体如何合伙之前我们先来看一个创始合伙的典型案例。

### 案例4-1 真实版合伙四部曲

2015年10月，在沈阳有一家由六个合伙人组成的甲建筑工程公司成立，该公司业务定位于建筑工程综合解决方案以及相关配套服务。

六个合伙人在当地行业内都是顶级专家，且高度互补。有人擅长公司整体方案设计，有人擅长工程施工，有人擅长机电设备，有人擅长销售，有人擅长专业技术和行业管理咨询。刚成立时，大家一致的愿景是要在东北成为行业内的领军者。大家热情高涨，团队能力能力强，所以在公司成立不到两个月时就承接了3000万元的工程业务订单。

但这一段蜜月期的"同心同德"还没有持续半年，就出现了问题。要么觉得付出多，分配不公；要么为了谋取更多的个人利益，把公司的销售信息透漏给竞争对手获取好处费；要么利用自己的私有公司和甲公司大张旗鼓地抢单。

面对公司出现的这些情况，作为甲公司的发起人A只能组织大家开会。会议的主题不是如何拓展业务，而是拟定各种合伙人行为规范协议，如竞业禁止协议、激励方案等。通过会议协商决定，总经理由A变成了"擅长管理咨询"的合伙人D担任,而其他合伙人因有自己的公司只能兼职。D的管理风格与A截然不同,主张采取严格的流程管理,连买个螺丝钉都要货比三家,并且要求有人监督采购者。因此,不光管理成本变得更加高昂,还往往耽误了工程进度,D在任一年的时间,每个月拿着高薪而业绩却几乎为零。公司几十号员工很快把以前订单的利润消耗掉了,而且还有未完成的工程,公司面临着需要六个合伙人再出资才能继续施工的境地。这一切让本来就已经"同床异梦"的六个合伙人矛盾更加激化。

散伙的命运已经来临,可是分家也是非常不容易的。合伙人之间虽然有合伙人退出协议,但有的合伙人要查账,有的合伙人要举报公司操作不合规,最终费尽九牛二虎之力才"顺利散伙"。

这段从"同心同德",到"同床异梦",再到"同仇敌忾",最后"同归于尽"的经历,历时不到两年。本人因朋友关系,与发起人A结识,他邀请我来做咨询顾问,但我并没有接受这个邀请。

我为什么没有接这个案子呢,主要原因有以下几点:

一是公司股权结构设计不合理,这已经决定了散伙的必然性。如表4-1所示,ABCDEF的股权比例分别为26%、25%、24%、10%、10%、5%。股权一旦确定,再想改变非常难,尤其这种没有一个"绝对老大"的股权结构。

表4-1 甲公司股东出资比例及出资方式表

| 股东姓名或者名称 | 资本金 | 出资方式(货币单位:万元) | | | | | 出资占比(%) | 出资时间 | 出资证明书编号 |
|---|---|---|---|---|---|---|---|---|---|
| | | 货币金额 | 实物金额 | 无形金额 | 其他金额 | 合计金额 | | | |
| A | 认缴 | 520 | | | | 520 | 26 | 2015.10 | 01 |
| | 实缴 | 26 | | | | 26 | 26 | 2015.10 | |
| B | 认缴 | 500 | | | | 500 | 25 | 2015.10 | 02 |
| | 实缴 | 25 | | | | 25 | 25 | 2015.10 | |
| C | 认缴 | 480 | | | | 480 | 24 | 2015.10 | 03 |
| | 实缴 | 24 | | | | 24 | 24 | 2015.10 | |

续表

| 股东姓名或者名称 | 资本金 | 出资方式（货币单位：万元） | | | | | 出资占比（%） | 出资时间 | 出资证明书编号 |
| --- | --- | --- | --- | --- | --- | --- | --- | --- | --- |
| | | 货币金额 | 实物金额 | 无形金额 | 其他金额 | 合计金额 | | | |
| D | 认缴 | 200 | | | | 200 | 10 | 2015.10 | 04 |
| | 实缴 | 10 | | | | 10 | 10 | 2015.10 | |
| E | 认缴 | 200 | | | | 200 | 10 | 2015.10 | 05 |
| | 实缴 | 10 | | | | 10 | 10 | 2015.10 | |
| F | 认缴 | 100 | | | | 100 | 5 | 2015.10 | 06 |
| | 实缴 | 5 | | | | 5 | 5 | 2015.10 | |

二是利益冲突的矛盾。公司大部分合伙人都有自己独立经营的公司，而且他们公司的业务与甲公司有着高度的重合性，从人性角度考虑，很少有人能不为自己的利益考虑，这是合伙创业的禁忌。

三是发起人不是绝对老大且能力有欠缺。发起人有梦想，胸怀宽广，品行也端正，但缺少眼界、格局、领导力和经营能力，导致没法让其他合伙人长期信服。

四是这些股东缺少互信的理念。除了发起人A和个别合伙人真心想把公司做成当地行业领头羊外，其他大部分股东都过分追求短期利益。

五是表面的资源能力互补。因为利益分配不合理，又没有真正互信的理念，导致本来资源互补的能力却发挥不出来。

像这样的合伙案例，在现实生活中不胜枚举。通过这个案例你获得了什么启示？如何合伙才能最大化避免"兄弟式合伙，仇人式散伙"呢？下面从合伙如何合得明白和如何分得清楚两个方面来讨论。

## 4.2 创始合伙如何合得明白

不论你是发起一个项目还是参与一个项目，找到合适的合伙人的核心是要回答：为什么别人会选择你，以及你为什么要选择别人。

如果你是一个项目的发起者，想要找到合适的合伙人，首先你至少要回答以下三个问题：

你具备哪些人格特质和能力，能够吸引别人与你合作？

你打算创办的项目的商业模式是否足够独特和吸引人？

你的愿景是否足够远大，同时能够满足目标合伙人的利益诉求？

与此同时，你也需要真正了解你想要找的目标合伙人，并回答以下三个问题：

他与你是否志同道合？

他对创业项目是否充满热情，并且具备与创业项目要求相匹配且与你能够互补的能力？

他希望从创业项目中获得哪些利益？

这些问题的答案将有助于确定合适的合伙人，确保你们能够共同追求成功，并相互支持和补充。

### 一、创始合伙人应该具备的特质

创业者或创始合伙人应该具备以下三大能力、四大素质和五大思维：

## （一）三大能力

**1. 专业能力**

创业者必须具备在特定领域或行业中的专业知识和技能，以吸引他人与其合作。这包括营销、技术、经营等方面的能力。

**2. 学习能力**

学习能力是创业者的核心能力，因为在快速变化的时代，不断学习和更新知识是至关重要的。创业者应该善于通过阅读书籍、向先进的企业学习和复盘分析来不断提升自己的能力。

**3. 战略能力**

战略能力是指创业者能够制订并实施实现目标的策略和计划。他们需要具备全局观，明确目标并确定实现目标的路径、资源配置和激励机制。

## （二）四大素质

**1. 品行端正**

一个人如果不能诚信做事，靠投机取巧最终也不会有好结果。其实我们每一个人都应该时刻提醒自己"作为人何为正确"。笔者在写这本书时，正是新冠疫情的暴发期，当时口罩等医疗产品已成国家战略物资且非常紧缺，但是市场上竟还有一些品行败坏的人不顾人们的生命安全，制造假口罩以谋取暴利。后来不久又听说，在美国上市的瑞幸咖啡财务造假被曝光。品行不好的人终究会害人害己，一个品行有问题的人，能力越强给社会造成的损害也越大，同时也不会对身边的人心慈手软。所以，如果你是个善良的人在选择合伙人时，品行考量是第一位的，不要因为某人能力很强就忽略了他的为人。

**2. 志存高远**

一个鼠目寸光的人是不可能与别人一起合伙做事情的。人类之所以能成为万物之灵，就是因为拥有对未来的想象力，就是对未来有美好生活的向往。志存高远的人，不是都能实现自己的梦想，但是没有志向的人注定一生碌碌无为。创业本身就是把常人认为的不可能变成现实，如果没有高远的梦想，根本不可能让创业走向成功。

**3. 胸怀宽广**

没有一个人愿意与一个小肚鸡肠的人为伍，凡是成大事者无不是心胸宽广之人。如，汉高祖刘邦之所以能战胜项羽而夺得天下，成为千古一帝核心就是胸怀宽广会用人、用能人并舍得分享。刘邦曾说：运筹帷幄，决胜千里吾不如子房；镇国家、抚百姓、给馈养、不绝粮道，吾不如萧何；攻必克、战必胜，吾不如韩信，这是何等的气度。我们合伙创业也是如此，心胸狭隘之人怎能吸引别人与你合作呢？

**4. 意志坚定**

创业是一件非常难的事情，成功率不足10%，说是九死一生一点都不夸张。尤其在刚刚开始创业的过程中，面对钱少、资源少、人手少，产品也不成形的情况，困难还会一个接一个地出现。没有困难，不碰钉子，一帆风顺的成功之路是不现实的。尤其是到了最困难的至暗时刻，更是考验体力、脑力和心力，也许多坚持一下，曙光就会到来。玻璃心是没法创业成功的。所以合伙创业过程中，不管是对你自己还是对你选择的合伙人都要掂量一下彼此是否有强大的内心，尤其是团队的核心人物不仅自己要心力强大，关键时刻还得给团队成员鼓劲，做到泰山崩于前也必须色不变，内外交困也必须谈笑风生。

## （三）五大思维

**1. 系统思维**

我们做任何事情不能只见树木不见森林，一定要有系统思考的思维。公司经营更是一个系统，从一开始我们选择产品定位来说，你就不能只考虑自己擅长什么，还要考虑市场竞争情况，同时更要考虑你的目标客户群的需求情况。否则，从任何一个单一层面出发，不管你做得多完美都一定会面临失败的下场。作为创业合伙人面对公司整体目标，就更不能只从自身专业角度出发考虑问题，必须用系统思维，根据团队效率和总体最优原则做事。在创业过程中经常会出现技术控只考虑自己的技术有多厉害，而忽略了市场配合，同样市场人员面对客户提出的需求时，也要考虑自身的技术水平能否实现。

**2. 本质思维**

尤其在这个信息泛滥的时代，新概念频出不穷，更需要我们有独立思考、把握事物本质的能力，否则就会陷入盲目跟风的愚钝之中。对于创业来说，合伙人都应该面对问题多问几个为什么，直到找到问题背后的真问题，只有抓住本质才能彻底解决问题。比如，一个客户买电钻的目的不是电钻本身，而是要给墙打个直径五毫米的洞，而打洞的目的是想挂一张画像，挂一张画像的目的是让家里更温馨一些。

**3. 进化思维**

如果说本质思维是物理学思维，一步步拆解问题并分析发现问题的真面目，那进化思维就是生物为了生存，不断与环境相适应、改变自己的生物学思维。在创业之初，我们不可能一下子把所有事情做到尽善尽美，尤其在这个快速变化的环境里，计划没有变化快，我们必须有"先建立一个原形之后，在实践中不断试错调整迭代再不断完善"的进化思维。

**4. 利他思维**

利他就是为己，为己一定先利他。这个第二章讲过，这里不再赘述。

**5. 平权思维**

合伙人的能力不论大小，均各有所长，所以必须拥有平等的意识。

## 二、创新的商业模式

合伙创业的最终目的就是通过合伙人投入的人财物等资源实现价值增值收益，最后大家共同分享增值的那部分价值。能实现一倍还是十倍的增值空间，要取决于商业模式的创新能力。

商业模式是企业如何创造价值、传递价值和获取价值的基本逻辑。商业模式是为实现客户价值最大化，把能使企业运行的内外要素整合起来，形成一个完整的利益相关的、高效率的、具有独特核心竞争力的运行系统，并通过最优实现形式满足客户需求，实现客户价值，同时使系统达成持续赢利目标的整体解决方案。

那如何设计创新的商业模式呢？这部分内容不仅对于创始合伙来说至关重要，对其他合伙模式也很重要，尤其是盈利模式的内容，对我们每类合伙模式的利益分配机制设计都会有所启发，所以我们就多花点笔墨，把设计商业模式的关键要点详细阐述一下。

## （一）创造客户价值

任何商业组织之所以存在，唯一理由就是能为客户创造价值，所以明确为客户创造什么价值，之后通过什么方式去实现客户价值是商业模式设计的起点。

### 1.明确客户价值

（1）价值主张

定位目标市场，明确目标客户群，通过市场洞察发现目标客户在工作和生活中遇到的尚未被解决或未被更好满足的问题、障碍、风险等痛点以及他们想获得的收益，从而为他们提供具有针对性的产品和服务，来缓释他们的痛点，或帮助他们得到想要获得的收益。

客户从我们的产品和服务获得的收益就是我们对客户的价值主张。如何提出我们的价值主张，就是要根据客户概况和我们的能力圈所能提供的价值，找到一个最佳契合点。如图4-1所示。

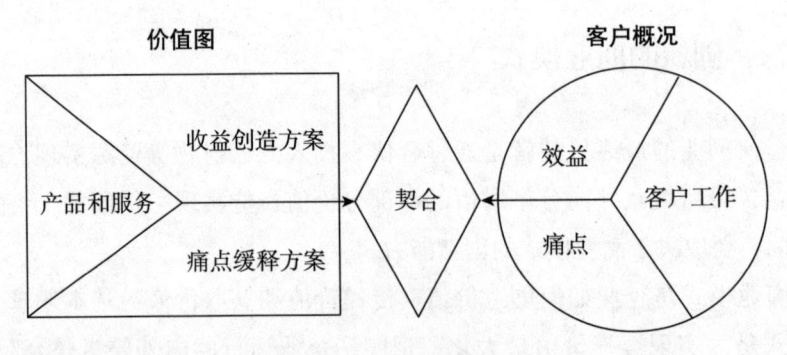

图4-1 价值主张画布

明确的价值主张界定了我们的产品和服务的范围（产品和服务是实现价值主张的手段），同时也界定了我们能为哪些客户提供哪些价值。在本质上，我们对客户的价值主张就是我们对解决客户痛点的收益方案的承诺，就是我们创造客户价值的行为准则和标尺。所以，明确价值主张是为了更好地创造客户价值，如果我们的价值主张与竞争对手比，能让客户用最小的成本获得最大化的收益，我们就能最大化创造客户价值。

（2）客户价值公式

关于客户价值我们可以用一个公式来表达：客户价值＝客户让渡价值＋比较价值。

客户让渡价值指的是公司为客户创造的综合收益减去客户成本所形成的价值，而比较价值指的是与竞争对手相比，公司的价值优势。换句话说，哪怕你为用户创造了无穷的让渡价值，但是如果没有竞争优势，客户也不会买单。

客户收益包括功能性价值（如，怕上火就喝王老吉，预防上火就是产品的功能价值）、心理价值（如，开奔驰要的不仅是交通工具带来便利的功能价值，更有显示身份尊贵的心理价值）和经济性价值（客户参与的贡献也可以通过积分等累计形式获得物质回报奖励）。

客户成本包括获得收益时付出的货币成本、时间成本、精神成本和体力成本。

（3）客户价值的基本特征

①客户价值并不能用我们的公式准确客观地度量出来，而是客户对产品或服务的一种感知，是与产品和服务相挂钩的，它基于客户的个人主观判断。

如何让客户选择我们，这就需要我们提供的价值主张与竞争对手比较有明显的差异，让客户更容易形成判断，从而提升比较价值。如果对客户提出独特的价值主张，这就让我们不能去满足所有客户的所有需求，而是在某一要素方面要让客户感知到独有的优势认知。比如同样是电商平台，我们普遍的认知是，淘宝就是品类多且便宜，而京东代表的是品质好和送货快，而拼多多是更便宜。同样是卖水饺，喜家德强调"现包的水饺才好吃"，卖的是健康，而你如果卖冷冻水饺的话，卖的就是方便。

那如何提供与竞争对手差异化的价值主张呢？下面我们介绍两种方法。

一是价值曲线法。

我们拿酒店行业来说明一下这种方法，我们构建一个坐标轴，横轴就叫产业元素，纵轴叫价值相对水平。我们去挑酒店，肯定有一些挑选酒店的标准、所注意的产业要素，比如说安全、卫生等指标。一些浪漫的法国人挑了哪些元素？比如餐饮质量好不好？建筑美不美？大堂是否华丽？客房大小如何？前台服务好不好？客房家具设施多不多？床品质量好不好？房间卫生如何？客房安静程度如何？价格如何？这10个要素，都需要比竞争对手好吗？不需要，只需要其中几项比竞争对手好，就算其他几项比竞争对手差都行。下面我们看看宜必思酒店是如何找到它的独特价值的。

### 案例4-2　宜必思找到独特价值主张的方法

20世纪70年代初的法国，为应对第一次石油危机的冲击，政府制定了新政策以促进和保护中小企业发展，这使得"中小型商务顾客"和"旅游度假顾客"对酒店的需求增加。当时的"廉价酒店"分成两个不同层次，下层是"无星"和"一星"的旅馆，床很差，房间嘈杂，但由于便宜，还是有很多顾客入住；上层则是"二星级"酒店，提供的服务好一些，但收费较高。

雅高酒店管理集团从日益增长的"中小型商务顾客"和"旅游度假顾客"中看到了机会，它决定创办一个酒店品牌，锁定这些最有潜力且能提供长期利润的消费群。但是，如何为这些顾客提供"独特的价值"呢？这部分顾客不在意酒店的各种"享受型服务"，更看重的是"住宿的品质"，且希望少花钱，正如雅高的联合创始人杰拉德·佩尔森所说："过去，旅客把入住豪华酒店当作一种标志，而现在，他们需要优质的服务和便宜的价格。"

为了创造出这种"独特的价值"，雅高的专家们将酒店业的主要竞争"产业元素"全部列出来，比如餐饮质量、建筑美感、大堂、客房大小、前台服务便利性、客房家具设施、床品质量、卫生、客房安静程度，还有价格。它们把这些要素放在坐标横轴上，然后，根据它们对顾客的价值画出一条线，这就是"价值曲线"，如图4-2所示：

图4-2 宜必思价值曲线图

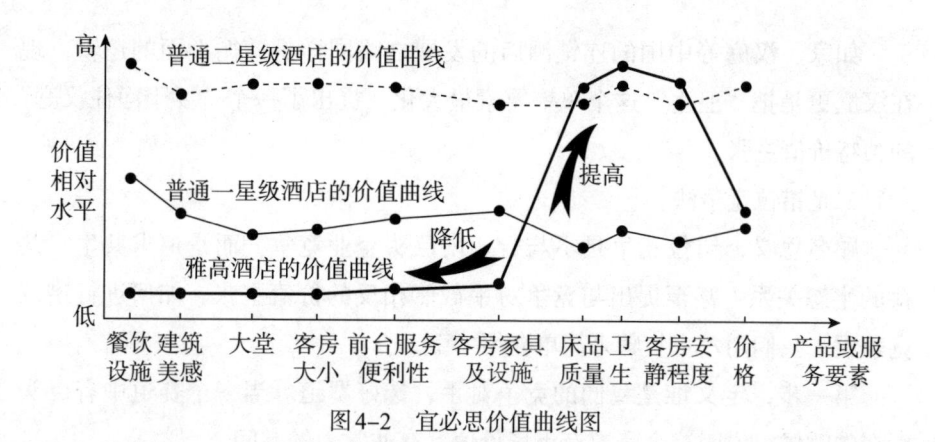

对于宜必思来说，这些要素除了"价格"以外，如果提高的话，就意味着成本上升；如果降低成本，顾客满意度也会下降。那么，宜必思该如何调整才能使总成本下降的同时又令顾客的满意度提高呢（注意，价格调整的结果，正好和其他元素相反）？

宜必思对这些要素进行了一番精心的调整，其中，"床品质量""客房安静程度"和"卫生"三个要素是"住宿品质"的核心，雅高把它们"提高"到三星级酒店的标准（提供舒服的大床、充足的热水等）；相反，它取消了"大堂""餐厅"等所谓的标准设施，又把其他元素的标准"降低"到一星级酒店以下，以降低成本。

为获得能够提供长期利润增长的顾客群，宜必思为顾客提供了"独特的价值"，因而，它取得了巨大的成功。

到了80年代，市场有了新的变化，年轻的白领和学生成了新的旅客群体。他们的要求更简单，就是找一个过夜的地方。因此，雅高集团在1985年又适时推出了更便宜的酒店——"一级方程式"（Formula 1）。这个酒店提供从单人到四人的房间，面积更小，床位是上下铺，没有桌子，用架子和晾衣竿来代替衣橱。住客需要自备拖鞋、香皂，卫生间和盥洗室也是公用的。但降低这些成本，可以用来改善住客最看重的"卫生标准""安静程度"和"床位质量"，这些要素仍保留了二星级的水准。

在成本可控的前提下，为目标客户创造独特价值，成为宜必思成功的关键。

如家、汉庭等中国的连锁酒店的发展之路同样是遵循上面的逻辑，现在汉庭更是把"卫生"这个单一要素最大化，提出了一个"要干净住汉庭"的独特价值主张。

二是错位竞争法。

顾名思义，错位竞争是不与行业内巨头企业竞争，而是追求共生、共存的生态关系，甚至提出与竞争对手截然相反的价值主张。如何进行错位竞争呢？我们用六个步骤来简单介绍一下。

第一步，定义谁是我们的竞争对手，选好赛道。当一个赛道中有巨头存在的时候，说明这个赛道有市场价值，有非常大的空间。

第二步，明确竞争对手的价值主张是什么，就是我们用什么样的产品满足什么样的客户的什么需求。就像我们上面提到喜家德的价值主张是"现包的水饺才好吃"，它一旦提出这个主张就要用一切行为强化它，去把它标签化，让所有人知道，因为只有这样才能让喜欢它的客户选择成本足够低，企业独占客户心智才能让它的价值最大化。所以，价值主张是企业有所为更是有所不为的准则。

第三步，就是看他们围绕价值主张都做了哪些行为，我们可以理解为寻找软肋，然后就可以反其道而行之，这可能就是我们的机会。

第四步，这些行为给客户带来了什么麻烦吗？或者说没有满足客户什么需求？这就是我们的机会了，因为当一个企业坚定地说它只能服务什么的时候，其实也是在告诉人们不能服务什么，于是那个它不能的，可能就是未被满足的一批客户或者同一批客户未被满足的需求，可能就是我们的机会。

第五步，回看自己的能力圈，问问自己，我能消除这个麻烦吗？我能提供这个需求吗？能消除这个麻烦和提供这个需求的产品和服务是什么呢？我们就开始设计产品、设计商业模式、设计逻辑。

第六步，进行检验、MVP（最小化可行性产品模型）测试，跑通闭环，然后去做。

### 案例4-3　知识付费领域的错位竞争

第一步,我们选择一个竞争对手,比如喜马拉雅,因为在知识付费领域喜马拉雅是当之无愧的大平台。第二步,它的价值主张是什么?喜马拉雅的价值主张是成为全球声音生态的领导者,成为全球最佳的内容创作平台,成为中国创业企业最佳雇主。喜马拉雅强调自己是一个创业平台,你可以在我这里做主播、做讲师,我有流量给你赋能,你可以在我这赚到钱,我来跟你分成。第三步,为了维护这个价值主张,喜马拉雅采取了什么行为?我们看一下,它有大量的PGC(专业生产内容)加上UGC(用户生产内容)的内容,他把内容做到尽可能的丰富、齐全、优质,吸引大量的用户过来,然后把这些用户分流,赋能给更多的主播,让他们能够赚到钱,这对于没有流量的主播来说,是一个雪中送炭的平台。第四步,但对于有流量的人来说,我凭什么和你分成?我只需要开个课,我知道我的听众是谁,他们可能在我的公众号或者朋友圈里,我只想完成讲课这件事情,我对广域流量没有要求。所以,这个时候如果在喜马拉雅平台上开课,对我而言,可能性能就有点过剩了。第五步,明确我有一个需求,就是我只需要一个让别人听我课的工具而已,我愿意为这个工具付费。喜马拉雅没有满足这种用户的需求,而小鹅通发现了这个商机。它的价值主张是"一分钟拥有自己的知识店铺",它的定位就是为内容创作者提供知识变现的工具,它跟喜马拉雅的价值主张完全是两样,你变你的现,我只给你提供工具。

我们来对比一下小鹅通和喜马拉雅,本质上它们都是在做主播的优质内容变现,从某种程度上是竞争,区别是什么?一个是需求提供方,也就是提供流量,另一个是提供链接工具。它们两个做的事不一样。

②客户感知价值的核心是客户所获得的感知利益与因获得和享用该产品或服务而付出的感知代价之间的权衡,即利得与利失之间的权衡。

从这点来看,我们要比较竞争对手能让客户感知到我们更省钱、更方便、更快捷、更安全、更多选择等功能价值;除了在功能价值方面更好地满足客户的基本需求外,我们要让客户感受更多的社会价值和情感价值等心理价值,使用我们的产品或服务让客户更有面子,更有尊严;另外,如果使用你的产品或服务不仅可以获得使用的功能价值和有面子的心理价值，还有机会成为"合伙人"，赚到更多钱，实现经济价值！

③客户价值是从产品属性、属性效用到期望的结果，再到客户所期望的目标，具有层次性。

一是必需的收益，在解决方案中，如果没有此项收益，整个方案就不能运行。例如，我们对智能手机最基本的期望是能用其通话。

二是期望的收益，在解决方案中相对来说，这是基本收益，无此项收益也会影响整个方案的运行。例如，自从苹果公司推出iPhone后，我们希望手机能设计得更美观。

三是渴望的收益，远远超出人们的期望，但人们又非常喜欢的一些收益。你在向客户了解有关情况时，他们通常会提出一些想法，比如我们希望智能手机能与其他电子商品无缝链接。

四是意外的收益，远远超出客户预期及渴望的一些收益。即使你向客户了解情况时，他们也不会提出的一些想法。在苹果公司推出触摸屏手机，使其成为苹果专卖店主流产品前，没人想到触摸屏能成为手机的组成部分。

通过对客户痛点的洞察，找到未被市场满足的客户需求，结合自身的优势资源，就可以明确提出独特的客户价值主张来为客户创造价值。

**2.实现客户价值**

当我们已经明确了客户价值，那通过什么形式来实现客户价值呢？

（1）商业模式的实现途径

耐克，最大的运动鞋厂商，却没有生产过一双鞋；波音，顶尖的飞机制造公司，却只生产座舱和翼尖；阿里巴巴电商平台的产品可谓应有尽有，可是没有一件自己的商品，更不存在库房，而只是利用电子信息技术做了供需之间的连接平台；富士康只为别人代工生产，没有自己的品牌和产品销售渠道。

何为虚拟经营？这种以顾客需求为导向，舍弃非核心业务，专注于企业核心产品、核心业务，以开发、培育使企业可持续发展的核心能力为目标，对企业价值链上非核心能力环节与优势企业，甚至顾客、竞争对手等采取联营、联盟、外包等合作形式，以开发快速变化的市场机遇为经营指导思想，即虚拟经营。

商业模式可是说就是利益相关者的交易结构，如何利用互联网技术重新对传统产业链、供需链进行重构是我们今天创新商业模式的方向。比如，利用互联网技术改造传统制造业的智能制造就是今天最大的发展趋势，如果我们刚刚创业，要根据我们自身的资源优势切入供需链的相关环节中。擅长技术的可以成为帮助传统制造业改造的技术服务商，擅长营销和品牌运作的可以帮助改造好的智能制造平台销售产品。

（2）商业模式的实现载体

我们通过什么载体去实现客户价值？是卖体力、卖产品、卖服务、卖品牌、卖标准，还是卖思想。

大家能看出我们这个排序越往后价值越大，所以如果你是卖产品的，当你面对激烈竞争的时候，是不是可能考虑卖服务呢？

### 案例4-4　GE靠卖服务赚钱

GE飞机发动机以前的盈利方式是销售产品的利润和五年后大修的维修利润。随着市场竞争的加剧以及客户需求的变化，一方面GE发动机面临飞机制造商的价格压力，另一方面，又要面对独立发动机维修商对利润丰厚的发动机维修服务的蚕食。于是GE改变了盈利模式，进行了一系列的兼并独立维修商的活动，同时增加一体化服务能力，并推出按小时进行发动机包修服务PBTH（Power-by-the Hour，在一定期间内，按照发动机运行小时付给GE维修费用）。这样一来，GE获得的好处是：一方面保住了利润率高的发动机维修服务，另一方面也提供了稳定的现金流。而对于客户尤其是一些中小航空公司来讲，则大大节省了发动机整体的维修费用。

与客户相比，GE更加清楚自己的发动机。同样型号的发动机，通过GE的运营，保养成本更低，运行时间更长，可持续产生的价值更大，多出来的这部分价值，GE和客户共同分享。GE因此收获了更高的客户忠诚度和更多的订单，盈利空间也得以扩大——这是一个双赢的盈利模式。

很多连锁企业是卖什么的？它卖的是一套系统，包含了品牌价值、供应原材料的产品价值、标准化的运营体系等。有很多企业是靠大量的专利技术授权来实现盈利的，他们卖的是标准。

（3）商业模式的实现手段

你的商业模式的实现手段是产品运营、品牌运营、人才运营，还是资本运营？

产品运营有很多方式和策略，针对不同的策略和渠道都要对产品做不同的定位。比如，采用高利润策略、高周转策略，还是以高频带低频两种策略组合构建金字塔模式？采用爆品策略，还是主营产品平价（硬件）或免费（软件），靠后端盈利的组合策略？采用小批量个性化定制，还是大规模标准化，还是前端个性化加后端标准化模式？采用专卖店，还是第三方平台模式？采用线上运营、线下运营、社群运营，还是三位一体？

品牌运营的本质是能否明确差异化定位，并通过不断的品牌资产积累在客户脑海中形成独有的认知。成功的品牌可以成为品类的代名词，比如一提起奶茶，就会联想到香飘飘；一提起怕上火的饮料，会立刻想到王老吉。对于品牌来说，产品只是原材料，品牌卖的是自身强大的溢价。

人才运营的本质是如何帮助人才实现梦想。经营企业就是经营人才，这已经成为越来越多企业家的认同。比如海尔把员工都变成了创客，与其说海尔是卖家电的公司，倒不如说是运营人才的公司。在个体价值越来越凸显的今天，如何发挥人才最大的潜能，实现人效最大化，核心是把人才个体目标和企业目标进行融合，形成利益、事业、命运共同体，这也是我们探讨合伙的意义所在。

资本运营的本质是用时间换空间，如果把产品运营比作爬楼梯，那资本运营就是上电梯。比如，我们看到的大部分互联网巨头公司的崛起无一不是靠投入资金先获得大量的用户，建立强大的网络价值，从而形成战略控制力，最终成为巨头的市场领先地位。

## （二）核心资源和能力

当有了明确的客户价值主张，同时也梳理了如何为客户创造价值，实现产品和服务的最佳业务流程的商业模式。那接下来，要根据自身所具备的核心资源能力、能整合到的资源能力及所缺资源能力，明确哪些业务核心环节自己做，哪些环节交给上下游的合作伙伴来做，进而实现客户价值和企业自身利益最大化。然后，根据资源对项目的重要程度，确定具体的合作方式或合伙模式。

关于资源和能力在第二章我们已经介绍过，包括技术、营销、运营等人才所具备的能力，资金资本，以及包括供应链、客户资产等供需端资源。

明确了所需、所有和所缺的资源和能力后，就要找到你要的资源在哪里。不论你是根据个人现有的资源出发，还是根据你发现的客户价值出发，合伙之前都要明确你的商业模式。因为不同的模式所需要的资源能力是不一样的，比如同样卖一件完全一样的商品，在线下门店卖还是线上电商平台来卖，所需要的运营能力就不完全一样。

### （三）盈利模式

企业为客户创造价值的最终目的是要实现自身的价值，这必然包括实现赢利或者盈利。赢利机制涉及更多的内容，包括不断积累企业的资产进而获得长期竞争力、资本运营机制、商业模式进化路径等内容。比如企业可能为了持续打造企业核心竞争力，而牺牲掉短期利润，正是为了获得更加长期的成长能力，如亚马逊、京东等互联网企业都曾经长期处于亏损状态，但是它们通过打造基础设施等来夯实未来创造价值的能力，从而获得资本市场的预期，获得很高的市值。

对于赢利，虽然在利润上是亏损的，但可以在资本上获得溢价。而盈利是要产生利润的，我们不对赢利机制做过多的探讨，下面我们介绍一下盈利模式。

我们都知道利润=收入-成本，所以想要获得更多的利润，就要在保证五利（利客户、利员工、利伙伴、利股东、利社会）的情况下，最大化做到多收、少花。所以，我们用收支的逻辑，从收支定向、收支方式、收支量纲三方面来讲一下如何设计盈利模式。

**1. 收支定向**

收支定向就是从哪里获得更多的收入，从哪里减少我们的成本支出。

对此，我们可以从两个方面考虑，一方面从顾客的角度出发，考虑如何获得收益；另一方面从产品的角度，考虑出发如何获得收益。

（1）从顾客角度出发来思考

首先我们明确一条收支的基本原则，就是谁受益谁付钱，谁贡献谁收钱，所以如果你做的事情不仅能让直接顾客受益，还能为第三方顾客创造价值的话，那么我们不仅可以收直接顾客的钱，同样也能收第三方顾客的钱。同样的道理，如果你做的事情不仅对自己有利，还对别人也有利，那么别人就愿意和你一起合作并共担成本，甚至由别人承担全部成本。基于此，如何获取收益来源就可以按照图4-3来设计。

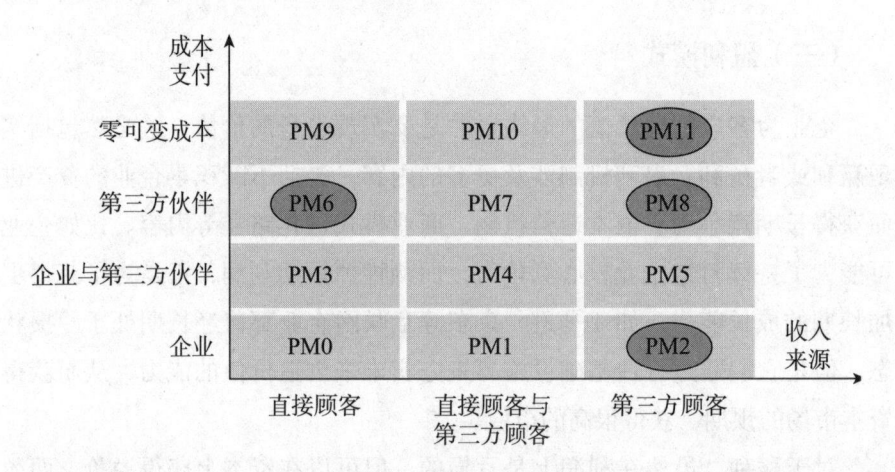

图4-3 盈利模式设计示意图

在图4-3中，横轴是你的收入来源，纵轴是你的成本支付。在收入部分一共有几个方向，可能是你的收入来源，最左下角叫PM0，右上角叫PM11。P是Profit，就是利润；M是Model，就是模型。

PM0叫作直接顾客，就是顾客直接付钱给你。中间下面即PM1叫作直接顾客与第三方顾客一起付钱，右下角即PM2就叫作第三方顾客付费，直接顾客不必付钱。那么成本支付呢？成本的最下面即PM0，叫作企业自己付成本，第二层即PM3，是企业加上第三方伙伴一起付成本，第三层即

PM6，就是第三方伙伴付成本，最后即PM9，是零可变成本，即没有成本。有人可能会问："可能没有成本吗？"是的，确实有可能，我们之后的内容会讨论，为什么有的人做生意比你跑得快？因为他几乎没有成本，而你每天都会为了成本而困惑、烦恼。

在这个坐标系里，横轴上有3个方面，纵轴上有4个方面，3乘以4就是12种。在这12种模式当中，我们挑几个与大家一起分享。如果你要设计盈利模式，一定要往整个坐标轴的右上方移动，越往右上方移动，就代表你的盈利模式越轻松。

为什么这么说呢？我们先看左下角，那是最辛苦的，叫作直接顾客给我钱，我自己付成本，我们大部分企业都是这样干的。比如说，我开了一家餐厅，顾客来吃饭，吃完饭给我钱，我是老板，扣掉自己支付的所有成本，剩下的一点点钱才是我赚的。但是我们跳着看一下PM2，即第三方顾客是收入来源。什么第三方顾客呢？举例来说，现在我们用百度、今日头条等互联网门户网站或搜索服务商的搜索功能不用花钱，它们的收入来源是第三方商家广告费，广告就是第三方付了钱的，所以它们的收入来源就是买广告的第三方。有个APP叫趣头条，不仅直接顾客不花钱，顾客在上面阅读新闻后还可以赚取奖励。

PM6就更好了，我的收入是直接顾客给的，可是我的成本由第三方帮我承担了。比如说，今天有一个很棒的音乐会，是蔚来汽车公司赞助的，就叫蔚来之声。那么请问，今天这场音乐会的成本是主办单位支付的，还是蔚来汽车公司支付的？答案是蔚来汽车公司，蔚来相对于主办单位叫第三方，所以是第三方伙伴，帮主办单位支付了所有的成本。问题是蔚来汽车公司帮主办单位支付了成本，主办单位还是需要有收入的，去看这个音乐会的人还要买票，所以主办单位的收入就是直接顾客给的钱。因此，我们要提醒大家，如果你有机会跟别人合作，一定要感谢跟你合作的人，因为很可能这些人帮你承担了所有的成本，在这种情况下，你自己所有的收入反而变成净利润。

PM8是第三方伙伴帮你承担成本，第三方顾客帮你的顾客付钱。比如蒙牛之超级女声，既然叫蒙牛之超级女声，那么成本是谁支付的？当然是蒙牛，蒙牛就是第三方伙伴。可是电视台的收入还有广告费，所以广告客户也是第三方伙伴。而我们是直接顾客，通过电视看这些节目不用给钱。

PM11是零可变成本。苹果iPhone手机有几十万个软件，你可以随时下载，刚开始一毛钱都不必付，它赚的是软件更新的钱。可是你知道苹果手机在更新软件的过程当中，如果软件是付费的，它能分到钱吗？答案是可以分到。更重要的是，那些软件是它做的吗？不是它做的，它需要为那些软件支付一毛钱的成本吗？不需要！这就是完全零可变成本。而提供软件的人，也没有促销成本，只要通过苹果平台就能分享财富。

（2）从产品角度来思考

实现更好盈利的核心是通过产品组合而不是靠单一的硬件、软件、服务等来获利，因为产品组合不仅能够帮助用户提高效率、降低成本（包括选择成本、使用成本、维修成本），还能帮助自己在竞争中胜出，从中获得最大收益，实现持续经营。

产品组合盈利，需要分析哪些产品的使用量更大、黏性更强、收益更高或更可持续。

吉利1903年就推出了"剃须刀架+专用刀片"的产品组合获利模式，因为刀架是耐用品，使用频次低；而刀片是消耗品，用量更大。刀架定价低，可以吸引用户购买，从刀片中获利。

在互联网时代，连接触点更多，可以关联、组合的产品也更多，免费模式越来越流行。这实际上是互联网企业细分出了流量产品和增值产品。用流量产品的免费吸引用户，扩大用户基础，产生用户口碑效应、注意力效应、产品的关联效应和衍生效应，通过增值产品获利。甚至发展成平台和生态，借此向供应商和第三方利益获取者收费。

产品组合当中的第二种情况是整体解决方案获利模式。

有时候，用户需要把一系列产品和服务搭配在一起，才能产生效果。比如，在信息化时代，软件需要和硬件组合兼容，并且需要不断维护升级，需要一个整体解决方案。但大多数用户自己未必有这个能力，或者自己实现搭配的成本很高，这个时候，企业开始向用户提供整体解决方案，从而实现获利。

我们再来看第三种产品组合形态，叫跨业态产品组合获利模式。

在竞争环境下，有的时候，需要从更广的生态视野，实现跨业态产品组合获利。我们来看一个例子：

### 案例4-5 "王子"的音乐生态产品组合收益模式

由于盗版价格便宜，冲击了正版产品的销售。虽然工商部门查禁力度很大，仍然屡禁不止，导致传统唱片光盘销售惨淡。能否解决？如何解决？有个美国艺人叫"王子"，他的运作团队设计了一个音乐生态产品组合收益模式。王子与伦敦《每日邮报》签订协议，随同发行量280万份的《每日邮报》周日版，向每位读者免费赠送一张最新推出的专辑CD光盘，向《每日邮报》收取每张光盘36美分许可费，通常每张CD要卖2美元。《每日邮报》在赠送CD的推动下，周末发行量增加了20%，增加了广告收入。虽然唱片销售的损失不少，但免费赠送CD扩大了歌迷基础，让现场演出增加了人数。王子随后在伦敦开唱21场，带来了音乐会收入。这些收入除了门票之外，还包括巡演冠名或赞助收入，比如"骆驼"牌香烟等公司向音乐节主办方付费。

产品组合当中的第四种情况，叫产品与股权投资组合盈利模式。

以往，我们主要关注从产品或产品组合中获利。实际上，还可以把投资作为一个产品，也就是说，把产品与股权投资组合在一起，通过股权投资分红、上市或者被并购变现，从而增加收益。比如，小米智能硬件生态链业务部门，除了给符合条件的创业企业提供资源能力、参与收益分成外，还参股了不少智能硬件创业企业，在他们独立上市后，获得股权增值收益。

### 2. 收支方式

收支方式包括固定、分成、剩余，或者这几种方式的组合。

确定收支分配方式有三个基本原则：

（1）风险承担原则

如果交易主体投入的资源能力比较关键，并且承担了经营风险，可以采用分成或剩余的分配方式。比如，在早期的石油开采中，资源国政府保留资源所有权，油田开发商提供投资和作业服务，采用产量分成模式：油田开发商回收成本后，可以获得一定比例石油，从原油中获利。这个收益随着国际市场油价波动而变化，油价高的时候利润高，油价低的时候则微利。

（2）监督效率原则

如果交易主体的行为（积极性、责任心）和过程难以有效观察、度量和监督，或者观察、度量和监督成本高，监督效果差，应该采用分成或剩余收支模式。比如，人才对企业产品创新和经营效果的影响越来越大，为了吸引、留住和激励员工，激发员工活力，越来越多的企业在不同层次、不同部门分别采取事业合伙人方式、虚拟股权的经营合伙人方式，让优秀的骨干人员参与收益分配。

现实中，可能会综合上述几项因素，确定固定、分成，还是剩余的收支方式。同时，还可以根据设定的条件，组合使用三种收支方式。比如，保底+增量分成，分成比例也可以调整。在后面的章节中会有很多应用案例，在这里就不再详述。另外要考虑的还有收支的时间安排，是预先支付、滞后支付、分期支付，还是分段支付？

（3）固定贡献原则

如果交易主体提供的资源能力对价值创造的贡献是固定的，应该采取固定收支方式；反之，如果提供的资源能力对产出贡献大，应该采取分成或剩余的分享方式。还是以石油开采和收入分配模式为例，由于油价持续几年时间攀升，资源国政府更改了石油开发模式和收益分配规则，从产量分成模式转向服务模式。也就是说，不再让油田开发商参与产量分成，油田开发商只收取开采服务费，通常是固定桶油报酬乘以产量。这个时候，油田开采公司不能从油价上涨中获利，当然，也不承担油价下跌的风险。

**3.收支量纲**

收支量纲就是收支按什么基准来定价。

由于用户在偏好、诉求、购买能力、风险承受能力、时间成本等方面存在诸多差异，人们对产品价格的感觉会不一致。有些产品质量很好，但用户感觉很贵，性价比低，阻碍了购买决策。但什么是贵？什么是便宜？什么是性价比高？什么是性价比低？实际上，产品贵贱与收支定价量纲有密切关系。比如，你在火车站候车，想在附近宾馆休息两个小时，如果宾馆按一天24小时收费，你就会觉得比较贵，不划算。但如果改为按钟点计费，你会觉得比较划算。显然，调整收支定价量纲，可以改变用户的性价比体验。这包括选择新的定价量纲，或者细分定价量纲的刻度，可以化贵为便宜，化价超所值为价低所值，从而促进成交。

基本的定价量纲主要是按成本、利润率、投资回报率、供求状况、用户使用产品效果定价。不同行业的收支量纲还可以具体细分，比如，卖场可以细分为按进场资格、位置、面积定价；货运公司可以按物品的重量、体积、价值、运输距离等因素定价；电信公司可以按流量、时间定价；设备可以按运行时间、行驶里程定价；互联网可以按点击率、转换率定价。

确定收支量纲的基本原则是：针对交易主体的约束和诉求，你所选择的量纲能够让用户感觉占了便宜，则性价比高，就愿意支付和交易，企业自身获得更多或应有收益。比如，以前游戏收费定价是依据你玩的时间、耗用的流量，后来史玉柱根据不同玩家的特点和时间的稀缺性，引入道具元素。再比如，我们前面讲的GE从按飞机发动机成本加成进行定价，变成按发动机运行时间收费的包修服务模式。

现在，随着互联网、物联网、人工智能等信息技术的应用，数据资源日益丰富，可以综合多种数据资源，根据不同层次用户、不同场景，实现精准和个性化定价，从而增加收入。比如，网约车现在可以根据天气状况、时间段、供求状况、空气质量、地段位置、拥堵情况等多项因素，采取不同的加价比例，让用户有多种选择。

最后我们也要考虑一下定价机制，即，谁来定价。虽然通常由企业来定价，但有时也可以采用参与者拍卖定价，甚至采用用户自愿打赏等方式进行定价。

## 三、合得好的关键是找好契合度

我们找合伙人本质上就看两点：一是看人，我们介绍了创始合伙人应该具备的特质；二是要看事，也就是刚才讲的创新的商业模式。

合伙人是否适合，就是看在以上两方面的契合度。合伙人之间彼此契合度高才能建立真正的理念互信，才能把彼此的资源和能力做到真正互补，从而实现1+1＞2的价值增值。

### （一）看理念的契合度

首先从商业模式的创业方向看，我们能否具备共同的使命，也可以说我们的创业项目能为社会解决什么问题。比如，阿里巴巴认为他们解决的是帮助中小微企业创业的问题，后来提炼了"让天下没有难做的生意"；滴滴解决了打车难的问题，后来提炼了"让出行更美好"的使命。

再有就是共同的愿景，即，对未来发展目标是否认同和相信。当年阿里十八罗汉如果不相信马云提出的"要成为世界上前十大互联网公司"的愿景，他们可能就不会选择投钱，不会在一个只有几十平方米的民宅开始创业之旅。

最后一点，就是我们对彼此的素质品行和对所做事业应该遵循的核心价值观是否认同，根据前面讲的三大能力、四大素质、五大思维对照一下，当然不可能要求所有合伙人都具备这些特质，但需要我们找到彼此认为重要的一些特质，看看是否能够契合。

### （二）看能力的契合度

要根据我们创业项目的商业模式所需的资源能力，看看我们与合伙人之间的能力能否契合。

首先要看彼此的能力是否匹配创业项目所需且互补。

其次看有没有公认的老大存在，对老大的能力和品行是否绝对认同。一山不容二虎，如果前期就存在老大的能力让其他合伙人质疑的现象，创业就很难成功。

最后要看合伙人的能力是不是来自自己擅长和喜欢的生命领域的能力内核，这点也很关键。很多人往往不知道干啥，今天干这个，明天干那个，从专业能力方面看没有问题，但是缺少真正喜欢的事业，会导致遇到点困难就会退缩。

### （三）看目标的契合度

每个人创业的根本目的一样但又有所不同，说一样那就是都想做自己喜欢的事情还能赚更多的钱。不一样是因为侧重点不同，有的人更具有使命感，把一件事当成一生事业，兼顾生活；而有的人只想赚更多的钱，而对所做之事未必很喜欢。有的人生活无忧，想放长线钓大鱼；而有的人为了养家糊口，只想赚快钱。

在找合伙人之前，你是更追求使命感还是更想赚钱，你是想赚长期的钱还是急于赚短期的钱，这些想法与你所做的创业项目的商业模式是否契合，与你的合伙人是否契合，都是非常重要的事情，而且契合度高低直接决定你们合伙的成败。

如果你们在理念、能力、目标三个方面的其中一个方面契合度很低，我都不建议合伙，三个方面的契合度都不及格那就绝对不适合合伙。

## 4.3 创始合伙如何分得清楚

如果你按照我们上面所讲的，找到了能够和自己很"合得来"的合伙人，真是值得庆贺。但接下来，该做的事情就是要回归左脑的理性，坐下来共同探讨一下如何做好共创价值、共担风险、共享收益的分工、分权、分利的机制设计。

在我们谈如何"分"之前，如果你刚刚选择创业，请先试着回答一下这些问题：你的公司有一个绝对核心人物存在吗？没有核心人物的公司会产生什么后果？你的公司不仅有核心人物而每件事都由核心人物说了算，你作为合伙人根本没有话语权，对此你有什么想法？你是一个技术人才，而你和不参与经营的投资人一样，都是按实际出钱多少占对应股权，你会觉得公平吗？你和其他合伙人相比而言在前期贡献比较少，而后期贡献越来越大，如果一直按前期大家的贡献确定固定的股权分配利益，你觉得公平吗？如果你们一次性把股权都分完了，在未来因公司发展的需要，要引入更多合伙人释放更多股权时，你该怎么办呢？你们的公司股权架构设计都应该考虑哪些因素呢？你们的合伙有合伙协议吗？你与合伙人之间制定了共同遵守的合伙规则了吗？

对这些问题，显然不是通过浅显地回答是与否就能解决合伙利益如何分配问题的，而是要通过对这些问题做更深层次的追问，再根据我们自己的具体情况，制订出一套体系完整的方案才行。对此，我们从股权顶层架构设计、合伙制度、合伙协议三个方面来介绍一下合伙如何才能分得清楚。

## 一、股权顶层架构设计

我们每个人之所以选择合伙，核心就是想通过取长补短，让自己的利益最大化，很多人投入一份资源都想要得到十倍百倍甚至更多的收益。而让自己利益最大化的前提条件是得与其他合伙人一起全力以赴，产生合力，让合伙公司这个蛋糕做到十倍百倍甚至更多，才能分到自己想要的利益。而在现实中，会出现合伙人明明知道公司不赚钱自己就很难赚钱的浅显道理，而自己却并不会全力以赴地贡献自己的力量，是源自自己与他人比较，多干活却不能多拿钱的"不公平"心理。所以设计股权架构的核心就是，围绕如何让大家在同一个方向产生合力，同时如何让每个合伙人都愿意最大化贡献自己的力量。

下面我们用三个原则及四个因素来介绍一下股权顶层架构设计的具体操作流程。

### （一）高效决策原则

初创公司在创业前期大部分都会面对既缺人、缺钱又缺明确的方向（要验证产品是否能够满足市场中目标客户的需求）的一种或几种情况。面对这样的情形，公司能否根据市场情况快速反应、快速决策，是公司在激烈的竞争中生存下去的关键。那如何做到高效决策呢？

**1.有且只有一位大股东的控制权设计**

在创业伊始，要保证公司的高效决策，有且只有一位"带头大哥"是至关重要的。之后随着企业的发展，需要不断引入外部投资股东和新的多层次合伙人，创始合伙人的股权会不断被稀释，此时为保障公司的高效决策，并且要按照核心创始人或创始团队的理念经营公司，唯有掌控公司控制权才能够实现。

（1）决策的三个层次

控制权简单来说，就是公司的决策最终谁说了算，控制权是控制人通过决策实现的。依据《公司法》，一个公司的决策者分为三个层次：股东（大）会、董事会、经理层。经理层属于执行决策层，董事会属于战略决策层,而股东会则是资本决策层。股东会的决策直接影响股东的权利。

另外,根据法律规定,不同层级的决策规则是不一样的。

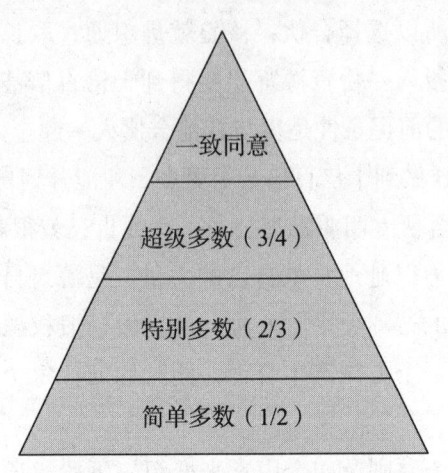

```
        一致同意
      超级多数(3/4)
    特别多数(2/3)
   简单多数(1/2)
```

**股东会+董事会的决策规则与临界点**

图4-4 决策规则示意图

如股东会是按投票比例,而董事会是按董事人数。决策的临界点可以根据事项的重要程度分为四个阶梯:过半数、超过三分之二、超过四分之三、一致同意。要求的比例越高,做出决策需要的票数越多,难度越大。一致同意和超级多数不是法律规定,其中一致同意,可以理解为全体决策者都拥有否决权(一票否决)。在经理层,其权利范围由董事会授权或依据董事会制定的公司制度来授权。搞清了规则,具体的措施就很好运用了,因为万变不离其宗。

例如,阿里巴巴采用合伙人制控制公司(章程+董事会),蚂蚁金服是利用投票权杠杆(有限合伙企业),京东利用同股不同权(章程),国内上市公司通常采用一致行动协议(股东协议)。

(2)创始人维护控制权的常见方式

一是依靠股权进行控制,包括完全控制权的绝对控制(拥有公司2/3以上的股权)、相对控制权的相对控制(拥有公司1/2以上的股权)、一票否决权的消极控制(拥有公司1/3以上的股权)。

二是表决权委托或一致行动人协议,如果核心创始人不掌握公司的多数股权，但是其他股东又同意让核心创始人说了算，可以用表决权和一致行动人协议，使其他股东的表决权相对集中到核心创始人身上。表决权委托即通过协议约定，某些股东将其表决权委托给其他特定股东行使。一致行动人协议即通过协议约定，某些股东就特定事项投票表决时采取一致行动。意见不一致时，某些股东跟随一致行动人投票。比如，创始股东之间、创始股东和投资人就可以通过签署一致行动人协议加大创始股东的表决权权重。

三是设立有限合伙企业并担任GP，控制投票权。

四是拥有类别股份的表决权（如AB股等），适合在境外上市的公司使用。

五是股权代持，这是控制权的变相安排，对于不走资本市场的企业可以使用，或在公司创业早期可以采用这种方式，同时要约定代持协议解除后，投票权或被代持人股权的转换方式。

六是采取金字塔股权架构。公司实际控制人通过间接持股形式形成一个金字塔的控制链，从而实现对该公司的控制。在这种方式中，公司控制人控制第一层公司，第一层公司再控制第二层公司，以此类推，通过多个层次的公司控制链条取得对目标公司的最终控制权。

七是一票否决权。《公司法》第四十三条规定：修改公司章程，增加减少注册资本，公司的分立、合并，以及变更公司的形式，需要经过三分之二以上表决权才能通过。我们可以在此基础上，将重大事项扩大，如公司重大的人事任免，包括公司的股权激励计划、上市计划、公司董事会的席位改变、董事会成员的任免等这类重大事情，创始股东都可以有一票否决权，以保证他对重大事件的控制力。

八是董事的提名权。创始人如能够提名董事会的多数成员，也可实现对公司控制。创始人股东可以直接和其他股东约定，他持有的股权数量可能不到公司股权的50%，但他有权利提名董事会里面的多数成员，并且将这一约定写到公司章程中。阿里巴巴合伙人制度就是这样设计的。

九是运营控制。虽然不是大股东，但是可以通过实际影响公司的运营和管理进行控制（如控制公章、营业执照，与团队及合伙伙伴建立攻守联盟等)。

这些控制方式中,前八项是法律上的控制,第九项是事实上的控制。其中,第一项是独立的,不依赖任何人即可实现的控制方式;第二项、第四项、第五项需要签署协议才能实现;第四项只有在允许发行特殊类型股份的国家和地区才能适用;第三项对GP的要求高,一般由控股股东或其信任的人担任;第六项比较复杂,一般是上市公司经常采用的方式;第七项是扩大核心创始人的权利边界,前提是核心创始人得有绝对控制权时才能做到;第八项也仅在核心创始人有极大影响力的情况下才能做到;第九项仅在特殊情况下具有控制效果,比如,控制人是公司的创始人,在经过若干轮融资之后已经失去法律上的控制权,但仍基于创始团队及合作伙伴的信任可以在事实上影响公司,不过从控制权的牢固性上看,这种方式并不可靠。

(3) 创始合伙控制权的重要性

下面我们将结合我亲身经历的两个合伙故事,重点说明一下创始合伙控制权的重要性。

### 案例4-6 我的创业故事一

记得那是2006年的春天,我所在的公司因经营困难而难以继续经营,于是老板找到我,说要和以前的两位同事一起合伙,继续以前的公司业务。这两位同事,其中一位是原来公司的业务骨干,以前公司业绩的一半是靠他实现的,大约另一半是靠我完成的,这是老板找我们两个合伙的原因。另一位同事是公司会计,老板之所以找她和我们一起合伙,主要原因是她有资金,可以帮老板出资入股。

对于我们四个人的合伙,当时我觉得,原来公司几乎靠我们两个人养十几个人,现在只有我们四个人肯定能赚钱,所以就爽快地答应了合伙提议。关于如何出资,占多少股权,我们都是听前老板的,她说我们每个人都出一样多的钱,各占25%的股权。这样就开始了我们的合伙,前两个月大家齐心协力,都很用心,也不计较谁多干少干。这期间我和另一位业务骨干因商务拓展的差旅费不够,都得自己贴钱,所以就提议增加补助费用,而另外两位合伙人坚决不同意增加补助。从那以后,本来就觉得我们均分利益不公平的那位业务骨干合伙人，就开始天天在公司玩电脑游戏，不出差联系业务。只有我还"傻傻地"坚持出差联系业务，但频次也变低了。后来，我的前老板合伙人又忙于家事，就把进货的事情也交给我处理。我当时心里虽然不爽，但是没有办法，因为我再不干活公司就没有业务了，大家都得亏钱。到了年底，大家终于觉得这个公司支撑不下去了，一致同意散伙。散伙时，大家先讨论有没有人想接手公司，结果没有人愿意。可剩下的一些产品库存和办公用品等资产，如何处理呢？大家讨论了几天都没有想出既让大家减少损失又能处理掉这些东西的好办法，场面僵持不下，我实在看不下去，最后说还是我来接手吧，才结束了这次合伙。

### 案例4-7 我的创业故事二

我接手了上述故事中我们四个人公司的剩余资产，只能被迫创业了。我重新注册公司，重新开始了。后来因人手紧缺，我就找了一位以前的同事来帮忙，工作一段时间后，她认为和我一起合伙会有前途，所以我们就决定共同合伙创业。有了上次的教训，这次我相对理性，也把原则说到前面：我们都出一样的钱，而她只占15%的股份。原因我也和她讲得很清楚，因为她只能做点配合我的细节工作，公司业绩主要得靠我来完成。这位合伙人由于了解我的为人，也清楚我的能力，所以没有任何犹豫就答应了这个条件。

到今天十几年过去了，虽然我们的合作并非一帆风顺，期间也发生过不止一次的争吵，但很快就会烟消云散。我们彼此能看透并包容对方的缺点，所以相处非常融洽。

通过笔者合伙的这两个小故事，你从中能获得哪些启示呢？我们来总结一下初创合伙中股权设计的一些问题。

一是合伙初期，必须要有一个明确的"带头大哥"，股权绝不能平均分配。一旦分错了，中间很难调整，大部分情况下都会面临散伙的结局。很多明星公司因股权分配不合理而导致的散伙或者控制权争夺战比比皆是，比如当当网，更有前几年闹得轰轰烈烈的万科宝万控制权之争，还有核心创始人不止一次丧失控制权,最后锒铛入狱的雷士照明吴长江。而像海底捞一样当年平分了股权,之后能顺利调整的情况简直是少之又少。

二是要知道什么样的股权比例是合理的比例。两个人合伙,最好有一个人能有绝对话语权,达到2/3以上,比如,70%或者80%就非常好;但另一个合伙人也不能低于10%,否则就是创始人吃独食,合伙人也没有参与感,比如98%:2%这种结构。多人合伙的情况下,核心创始人尽可能绝对控股,达不到2/3,也要尽可能达到1/2以上股比的相对控股。最差的情况,核心创始人也得有超过1/3以上股比的一票否决权。比如,比较合理的结构是60%:30%:10%,70%:20%:10%(老大清晰,快速决策);70%:20%:5%:5%,67%:18%:15%(老大能力极强,绝对控股,快速决策);52%:33%:15%(老大相对控股,合伙人意见一致可以一票否决权)。

三是避免博弈的股权结构。如两个人合伙65%:35%(一票否决,博弈型),49%:47%:4%(三股东绑架大股东和二股东)。

### 2.可信度加权机制设计

我们一再强调,我们之所以选择合伙,就是因为别人有我们不具备的长处,所以在经营决策中要发挥好每个合伙人的专业特长,让专业的人做专业的事情,在一些日常决策中尽可能给专业人自主决策的空间。如果面临重大经营决策,更要根据每个合伙人的专业意见,综合评估决策。如果专业合伙人的决策意见与公司核心创始人意见产生分歧,核心创始人用自己老大的权力坚持自己的看法,不听其他专业合伙人的意见一意孤行,那么出现风险是不是就应该由老大一个人来承担呢?不排除真理往往掌握在少数人的手中,所以这一切没有固定的答案,但是我认为经营决策要发挥专业人的力量,应该靠可信度加权来决策,而不是靠老大的权力来决策,这一点很重要。

## (二)三股结合出资原则

在我上面讲的两个合伙小故事中,在故事一中,我和我的前老板合伙,老板已经积累了行业和客户资源,而我和另一个业务骨干也积累了客户资源,而我们和会计都拿一样的钱占一样的股权,这合理吗?在故事二中,我和我的同事合伙，她和我都出一样的钱，而她为什么愿意只占15%的股权，却依然觉得公平合理呢？

尤其在人才越来越重要的人力资本时代，不管什么样的人在一起合伙，都按货币资金出资比例划分股权比例肯定已经不合时宜。所以在合伙出资中，人力资本必须纳入出资的衡量标准。另外，我们创业用钱是为了获得更多的资源，所以资源也可以作为出资。根据这些考虑，我们就把出资从单纯的出钱，变成也可以出力，更可以出资源。

我们暂且把出钱获得的股份叫"资金股"，出力获得的股份叫"人力股"，把出资源获得股份叫"资源股"。回到我们上面的问题，我的合伙人之所以愿意和我出一样的钱而只拿15%的股权，是因为她承认我积累的客户关系和供应商关系等创业资源，也认可我的人力资本价值，所以我们的合伙能够坚持这么多年。

表4-2　商业模式与三股占比的关系

| 商业模式驱动类型 | 代表行业 | 股权分配的一般规律 |
| --- | --- | --- |
| 资源驱动型 | 政府垄断性行业，如电力、市政等 | 资源占大股，人力占小股 |
| 资金驱动型 | 私募股权基金 | 资金占大股，人力占小股 |
| 资源、资金驱动型 | 旅游景区、有色金属等 | 资源资金占大股，人力占小股 |
| 人才驱动型 | 科技、互联网、咨询服务等 | 人力占大股 |

具体如何配置这三股的权重并没有一个绝对的标准，但是有一条核心原则，即根据商业模式对三股的重要程度划分三股权重，如表4-2所示。比如，像华为这样的科技公司，还有阿里、腾讯等互联网企业都是依靠大量人才驱动的商业模式，属于典型的人力资本型，所以人力股就应占更高权重；而在资源型商业模式中，资源应该占更大比重，人力就相对占比少；同样的，像一些私募基金，钱更重要，所以资金就应该占大股。

我们通过列表来说明三股具体如何结合。

表4-3 人力资本驱动的股权分配示例

| 分配维度 | CEO身份股 | 合伙人身份股 | 资金股 | 岗位贡献股 | 资源股 | 员工激励池 | 合计 |
|---|---|---|---|---|---|---|---|
| 分配方式 | 独占 | 均分 | 按比例 | 评估 | 评估 | 绩效评估 | |
| 维度权重 | 25% | 12% | 20% | 23% | 10% | 10% | 100% |
| 甲（CEO） | 25% | 4% | 7% | 10% | 5% | | 51% |
| 乙（COO） | 0 | 4% | 6% | 7% | 2% | | 19% |
| 丙（CTO） | 0 | 4% | 7% | 6% | 3% | | 20% |
| 员工激励池 | | | | | | 10% | 10% |

表4-3是一个典型的人力资本驱动的股权架构设计，人力股占比高，并把人力股细分为CEO身份股和合伙人身份股（兼职没有股权，或只能拿应得的20%），而资金和资源占股比较少。岗位贡献股要根据以往的工作经历评估出来，只有未来做到才能逐步兑现，属于动态股权的思想，下面我们会详细介绍。

由于人力股并不能直接在工商登记中体现出资，所以上述基于人力股的股权分配如何在公司工商登记中实现呢？主要有三个办法：

一是通过溢价发起设立方式，例如，项目实际出资100万元，其中一人出资1万元，分配获得股权比例为10%；其中一人出资50万元，分配获得股权比例为5%，那么建议注册资本设为10万元，出资50万元的，其中49.5万元进入资本公积。

二是对股权分配比例大于其出资占比的，通过认缴的方式获得股权比例。比如，公司注册资本设为1000万元认缴，其中获得股权比例为5%的，以50万元实缴；10%的，实缴1万元，认缴99万元。

三是折中法，即部分认缴，同时部分股东溢价出资。

## （三）动态分配利益原则

对于合伙如何分得清楚，前面我们介绍了关于核心创始合伙人拥有控制权的重要性，同时也介绍了要结合驱动商业模式要素的不同，对人力股、资金股、资源股应该有不同的权重分配比例设置。根据有且只有一位老大和三股结合这两点原则，就可以确定分配股权比例了吗？对此我们先来回答几个问题，比如，合伙人拿了股权不出力怎么办？商业模式方向调整了或者因创业项目发展阶段不同，对每个人的能力要求不同，导致每个合伙人的贡献度与当初分配的股权比例不一致怎么办？中途有人退出而不愿意退股怎么办？对后续人才入股怎么处理？

尤其是出钱很少或根本不出钱，靠人力资本驱动为主的合伙，对于上述问题能否有针对性的解决方案就至关重要，那如何解决呢？这就需要采用动态股权分配机制和预留期权池的架构设计。

关于动态股权的概念，相信很多人并不陌生，我认为动态股权机制应该遵循如下原则：

一是动态股权在保障公司控制权和治理结构稳定的前提下执行。

二是合伙人的贡献股权分配比例要参考合伙人以前的工作背景和工作年限（如上一家公司的年薪收入），结合现在创业项目中的岗位贡献重要性评估其权重比例。评估后的股权作为限制性股份，根据合伙人在职时间、业绩贡献等逐步兑现。

三是按照"结果导向"的原则，将合伙人在公司的实际创造的价值、成果作为动态分红股的依据。

四是预留期权池，要根据合伙项目的实际情况，决定是否对合伙人贡献股、引入新的合伙人、员工事业合伙人、上下游产业链合伙专门预留。

我们再拿上文人力资本驱动的股权分配为例说明一下我们的设计规则。一是CEO身份股。往往公司的核心创始人就是合伙项目的发起人，为保证对公司的控制权，他独享20%~30%的股权。二是创始人身份股。其他联合创始合伙人COO及CTO和CEO平分，这个股权比例通常8%~15%，如果兼职最高不超过应得的20%，比如CTO兼职的话就只能获得0.8%。三是资金股。通常在20%~30%，根据出钱比例分配，如果是用应得工资的一部分出资，按打八折计算。四是资源股。把资源转换成现金价值入股，通常可以与资金股放在一起计算。五是预留期权池。一般预留10%~20%作为员工期权池，当然也可以预留一部分为上下游伙伴合伙或股东激励池等。六是岗位贡献股。这是动态股权最重要的部分，可以参考合伙人以往的工资收入和对创业项目的实际岗位价值，与合伙人一起协商分配20%~60%的股权比例。这是限制性股权，可以根据合伙人在职时间及业绩贡献等因素分期成熟，也可以在合伙协议或公司章程的股东退出机制中约定。

具体分期成熟的方式参照表4-4。

表4-4 股权分期成熟机制

| | |
|---|---|
| 按年度成熟 | 可以约定3~5年成熟。假如你一共持有10%的岗位贡献股，按四年成熟计算，每干满一年成熟2.5%。干满一年离开公司，你可以拿走2.5%，剩下7.5%有几种处理方法：1.强制分配给所有合伙人；2.以不同的价格按公平的方式给原股东；3.经所有合伙人同意卖给他人 |
| 按项目进度成熟 | 例如：按产品测试、迭代、推出、推广达到多少的用户数……这种方式对于一些自媒体运营的项目比较适用 |
| 按融资进度成熟 | 这个进度可以印证产品的成熟，一般来自资本市场，即外部的评价，可以约定完成A轮兑现多少，B轮兑现多少…… |
| 按项目业绩成熟 | 约定营收或者净利润达到一定数额时股权自动成熟，在股权不成熟期间股东权利不受影响，包括分红权、表决权等都不受影响 |

## 案例4-8 如何用动态股权分配利益

甲乙丙丁是漂泊在北京的东北老乡，经过几年的积累和打拼，四人各自在人力、股权、法务、税务方面积累了很强的专业优势。有一次聚会大家聊得很开心，一致认为应该一起做点事。

甲已经参与了很多培训班，对培训市场的观察让他觉得，市场上的培训课程要么是学院派的理论，讲解缺乏实用性；要么是打鸡血的江湖派，到处忽悠人，夸大事实、哗众取宠。而缺少真正以实操为导向、以学员深度参与为特色的金融财税课程，这个想法得到三个朋友的高度认同。

甲乙丙丁教育传媒公司要正式成立了，作为众望所归的牵头人和CEO，甲对整个团队的股权规划成了一个不可避免的话题：一方面，四个人是发小，你中有我，我中有你，一起北漂，相互陪伴，共同成长，股权的划分好像没有那么重要；但另一方面，甲非常清晰地认识到，四兄弟之间彼此认同虽然重要，但感情与认同是合作的基础，信任是信任，规则是规则，二者不能混淆和替代。著名的天使投资人徐小平老师也说过，不要用兄弟情谊来追求共同利益，而要用共同利益来追求兄弟情谊。

四个人的第一次合伙会议在中关村核心区的一家咖啡馆开始了。

甲端着一杯到店必点的拿铁咖啡，成竹在胸地提起了动态股权分配的方案，即，合伙人的股权划分按照实际贡献来估值。比如，前两位合伙人离职前的年薪分别为40万元和20万元，这两个人一年不拿工资，而第三位合伙人在一年内提供20万元的资金用于公司花销。一年后第一次根据贡献划分股权比例，前两位合伙人的工资贡献价值分别为40万元、20万元，而对于第三位合伙人的现金，因公司很缺钱所以大家同意按两倍贡献价值计算，即40万元，所以他们的股权比例为40%：20%：40%。甲认为这种按贡献分配的股权是比较公平的。

乙是一位资深律师，是四个人当中最擅长辩论的人。他说，年薪确实能够比较公平地反映每个人的市场价值，但新做的这个项目有一定的不确定性和风险，以前的成绩和以后的作为关系不大，离职前年薪对"结果导向"的体现是不够的。

甲接着发表观点：教育培训是一个智慧投入型产业，现金流比较好，老师的独立价值高。围绕各自专业，以精品线下课程为切入点，三年之内，谁的课程业绩最好，谁就是老大。体现在股权划分上是这样的：划分10%的资金股和90%的人力股。在90%的人力股当中，10%的部分根据离职前年薪在一年后一次性分配，50%的部分根据业务成绩在三年内分完，剩余的30%留作期权池。分配完成前由代理CEO牵头公司工作。30%的期权池在3年内分配完毕，每年释放10%，买入价格为当年每股净资产的1倍、2倍、3倍，买入份额为10%×当年业绩完成额度占当年所有入职员工业绩完成额度的百分比。因为随着时间的推移，公司的价值越来越大，后进者进入公司承担的风险越来越小，后进者买入价格就应该更高。

乙听完后摇了摇头表示，这个方案还是有问题。首先，50%这个股份很大，这50%分配完成后，如果代理CEO业绩较弱，业绩好的人就会成为CEO，业绩好的人不一定适合做CEO，每个人的能力圈不同。此外，这种分配方式用增资的方式实现吗？《公司法》规定公司增资需要2/3以上的股东投票通过，如果股东没有契约精神，这种增资就无法实现。

一直没有说话的丙说话了，他同意乙的意见。一个公司需要有明确的主心骨，控制权是非常重要的。王石先生当年放弃做万科的股东，希望通过自己的职业能力成就自己在公司的地位，让人肃然起敬！但也是受这种职业经理人文化的影响，万科股权分散，"野蛮人"一再侵袭，2015年大股东和二股东轮番易主，这对万科战略的执行是有干扰的。所以丙建议，除了在业务模式非常简单的项目中可以用动态股、业绩导向的方式"三年定江山"，其余项目中，动态股权要在不影响公司控制权稳定性和公司治理有序的情况下执行。

这时，乙的灵感彻底爆发了，提议除了10%的资金股和30%的期权池不变之外，其余60%的股份在大股东清晰的原则下尽快确定，分红动态股是可行的。《公司法》第三十四条规定，分红权可以由全体股东共同约定，只要经过股东会决议，分配方案是有效的，无须另行交税和变更登记。此外，郑玉刚教授提出的动态股模型，为分红股动态化提供了很好的参考，动态股处理的公式如下：

$$R' = （合伙人甲的业绩 / 所有合伙人的业绩 - R）\times 贡献分配率 + R$$

公式中，$R'$是动态处理后的分红比例，$R$是动态处理前的分红比例，贡献分配率是由全体股东共同决定，我们大致可以约定在40%左右。

比如，大股东的初始股比为50%，年度业绩为1，其他所有人的业绩是9，那么他的动态分红比例为$（1/10 - 1/2）\times 40\% + 1/2 = 34\%$。

大家听后都很开心，觉得这个方式合理合法，就这么定下来了！

## （四）股权架构要综合考虑的四个因素

股权架构设计是公司的顶层设计，事关公司能否走下去，更关系到未来能否有机会做大做强，所以要尽可能考虑全面。

### 1. 管理角度

我们应该从如何优化商业模式、战略落地、激活组织潜能等管理角度出发考虑股权设计。

前面我们讲过，要根据商业模式所需关键资源来匹配合伙人，可创业方向不是一成不变的，所以要有根据合伙人贡献预留或者做好分期成熟机制的设计，同时也要考虑在未来战略落地、激活组织活力中对关键人才进行股权激励的情况，预留好足够的期权池。

**2. 财务角度**

要从财务角度考虑股权架构设计是否有利于让投入的资产最大化保值增值，是否有利于融资与上市以及引入财务投资人。

**3. 税负角度**

要有税负视角，不要因设计不合理而产生不必要的税负。

**4. 法律角度**

要看架构设计是否符合法律规定。我建议按这个顺序去通盘考虑公司的股权架构设计，而不可偏于一域。比如，请律师帮你设计股权机构，职业本能让他们更加倾向于考虑控制权设计、合伙协议和公司章程的每一条是否在法律方面存在风险，而很可能忽略了其他方面。

## 二、合伙制度

在合伙过程中，我们合伙人之间应该明确遵循哪些规则和制度是至关重要的。制定规则就是根据我们本章所讲的合伙要如何"合得明白、分得清楚"的理念，通过合伙人一起讨论达成共识：一是我们应该相信并遵循什么理念，即明确我们的事业使命、愿景，以及该做什么、不该做什么的行为准则；二是以公司目标为中心约定好彼此的协同机制和规则，进而把我们每个人出资时承诺的资源和能力彻底地落实在实际工作中，明确我们应该履行的工作职责；三是做好评价我们每个人工作成果的奖惩机制，明确合伙人进入和退出的机制等。

## 三、公司章程及合伙协议

当我们对合伙人之间分工、分权、分利，达成了共识并制定了细则后，就需要通过公司章程和合伙协议等载体进行约定。

## （一）公司章程

公司章程是公司设立的基本条件和重要的法律条件，无论在哪一个国家注册公司，首先都要订立章程。公司章程规定了公司组织和活动的原则和细则，是公司内外活动的基本准则。公司章程规定了公司、股东、董事等经营者相互之间的权利义务关系，是公司对内进行管理的基本准则。公司章程也是公司最重要的法律文件，同时也是公司治理最重要的文件，相当于企业的"宪法"。符合公司章程的行为受国家法律保护，违反章程的行为，就会受到干预和制裁。

一般来说，公司章程的记载事项可分为强制记载事项、推荐记载事项和任意记载事项三类。下面我们以有限责任公司为例说明一下，股份有限公司和上市公司略有不同。

**1. 强制记载事项**

强制记载事项指法律规定公司章程中必须记载的事项。对于强制记载事项，每个公司必须在章程中一一记载，股东没有权利做出自由选择。若不予记载或记载不合法，将导致整个章程彻底失效。对于有限责任公司的强制记载事项为：①公司名称和住所；②公司经营范围；③公司注册资本；④股东的姓名或者名称；⑤股东的出资方式、出资额和出资时间；⑥公司的机构及其产生办法、职权、议事规则；⑦公司法定代表人；⑧股东会会议认为需要规定的其他事项。

**2. 推荐记载事项**

推荐记载事项，也就是所谓的相对记载事项，是指法律列举规定的（也就是法律推荐使用），但是可以由公司选择记载的事项，一旦选择在公司章程中约定就会发生法律效力，如果不约定也不会影响整个章程的效力；但是如果约定事项不合法，则仅该事项无效，不影响章程的整体效力。《公司法》列举的有限责任公司相对记载事项包括法定代表人的确定、股东会的召集方式、董事长和副董事长的产生办法、监事会中职工代表比例、财务会计报告的披露方式等。

### 3.任意记载事项

任意记载事项是指法律不明文规定，但股东们认为需要协商并在公司章程中约定的内容，主要包括经营公司业务和管理公司事项的办法，关于公司董事会、股东权利的定义、限制和调节的办法，以及在规定范围内和规定条件下关于公司债务加于各个股东的个人责任等涉及公司配置的关键事项。在《公司法》一些条款中列举了有限责任公司的任意记载事项，包括股东会的职责、股东会会议通知的时间、股东会的表决方式、股东会的议事方式和表决程序、董事会的职责、董事会的议事方式和表决程序、经理人的职责、执行董事的职责、监视会的职责、监事会的议事方式和表决程序、股权转让的办法、股东资格的继承办法等。

## （二）合伙协议

合伙协议只能依据《合同法》及《民法典》进行约定。因此，合伙协议只能在不违反现行法律法规的前提下进行约定，否则只能按照无效处理。

公司章程和合伙协议的共同点都是公司和合伙人实现自制的手段，对合伙人利益的分配和权力行使有不同程度的影响。但是需要注意的是，合伙协议的效力不如公司章程。公司章程对公司的所有合伙人、股东、董事、监事和经理都具有约束作用，但是合伙协议只能约束当事人。

而且在章程和合伙协议发生冲突的时候，一般以作为"宪法"的公司章程的约定为准。具体来说，主要看合伙协议的内容到底与公司章程中的强制记载事项、相对记载事项和任意记载事项中的哪一项相冲突。如果合伙协议的内容与公司章程中的强制记载事项冲突，那么合伙协议约定的内容无效。但是如果合伙协议的内容只是与公司章程的相对记载事项和任意记载事项相冲突，这种情况下，如果合伙协议是违法的，则约定无效；如果合伙协议是合法的，且是在章程之后签署的，合伙协议约定只能对于签约的合伙人（或股东）有效，而不能约束公司及公司其他的股东、董事、监事和经理人。

## （三）合伙人权利的四大原则

鉴于在实操中会考虑一些现实性便利因素，对到底将哪些合伙人（股东）权利写在公司章程中，哪些写在合伙（股东）协议中，我们总结了合伙人权利的四大安排原则供大家参考。

**1.章程公示效力与保密需求平衡点**

公司章程经工商部门备案，具有公示对抗效力，因此，写在公司章程中的股东特殊权利的效力可以延伸至公司股东之外的第三人。但恰恰是由于公司章程需要经工商部门备案，可以公开查询，投资人也需要考虑自身的保密需求，那些不想为公众所知的股东特殊权利往往会写在合伙协议中。因此，投资人需要在自身保密需求和公司章程公示效力的权衡中找到平衡点。

**2.对于公司治理条款，公司章程优先**

随着旨在保护股东权利的《公司法》司法解释四及解释五的接连出台，更需要我们在起草公司章程及合伙协议时格外注意。考虑到《公司法》规定了部分章程常规条款，例如董事的任命、股东会或董事会决议事项等，建议涉及该条款的股东权利应该写在公司章程中。如果仅约定在合伙协议中，一不小心就可能会出现公司章程和合伙协议不一致的情形，导致两者发生冲突。此外，该股东权利由于涉及公司治理，一般会通过股东会或董事会决议作出。由于《公司法》明确了"决议内容违反章程"是撤销股东会或董事会决议的法定事由，因此将该股东权利写在章程中，有利于股东在发生争议时向法院提起决议撤销之诉。但如果仅写在合伙协议中，股东能否提起撤销之诉仍受限于各地的司法实践。

**3.对于股东复杂权利安排，合伙协议优先**

"合伙协议"顾名思义，其着眼点在于合伙之间的特别约定，一些与公司本身无关的股东特殊权利，例如共同出售权、买入（卖出）期权等条款，放入合伙协议更为合适。另一方面，一些股东特殊权利虽然看似涉及公司，但比《公司法》的规定更为复杂、细致，甚至是通过迂回方式实现与《公司法》规定不完全一致的协议安排，例如业绩对赌、优先分红权、优先清算权等。对于这些不适合写入公司章程的股东特殊权利，合伙协议则成为较为合适的选择。

**4.当地市场监管部门对章程备案尺度**

实践中各地市场监管部门对公司章程内容的接受"尺度"有所不同，部分地区的市场监管部门会提供统一制订的公司章程惯用模板，惯用模板以外不能增加任何条款。如果遇到这种情况，往往只能"退而求其次"，将无法纳入公司章程中的股东特殊权利约定在合伙协议中。但应该特别注意，公司章程和合伙协议不应有冲突的内容。当然，可以考虑在公司章程中作出原则性约定，并在合伙协议中约定详细规则，在公司章程中加入"股东之间另有约定除外"等相关表述。

## （四）自主约定条款

对于了解那些可以在合伙协议或者公司章程中自主约定的重要条款并符合现行《公司法》规定，这在我们拟定个性化合伙协议中是很重要的，下面我们简单介绍一下。

**1.注册资本**

对有限公司来说，你登记的出资额，也就是注册资本，就是你的股权。大多数情况下，我们采用的是认缴，但《公司法》第三十四条规定，"股东按照实缴的出资比例分取红利；公司新增资本时，股东有权优先按照实缴的出资比例认缴出资。但是，全体股东约定不按照出资比例分取红利或者不按照出资比例优先认缴出资的除外"，如果合伙人协议不明确除外，那么未实缴的合伙人，可能面临风险或者纠纷。特别是你创业登记注册公司时，将注册资本登记为上千万，那就麻烦大了。所以，可以在这一条里约定，是否实缴不影响股东权利，当然注册资本也别瞎写，因为你的法律责任是以你的注册资本为限的。

**2.股权比例**

股权比例这一条，主要是将各方的实际股权明确，一方面明确各方的实际投资情况，是否有溢价等；另一方面要将预留股权或代持股权进行明确，例如在工商登记中只显示1~2名核心股东，其余合伙人的股权采取代持方式，并约定在一定期限内解除代持，这样就能避免合伙人的频繁流动给变更工商登记带来麻烦。

### 3.股权成熟

可以认为这是一种进入机制，成熟一词源于英文的Vesting，常出现在投资协议中，也被翻译为"兑现"或者"释放"。成熟条款根据不同的情况通常会有不同的安排，一般会体现在成熟期限、频率、幅度三个方面。一是期限，回购期限有签署本协议后二年、三年或四年的变化；二是频率，频率一般有每年成熟一次、每月成熟一次等方式；三是幅度，幅度方面有的是在规定的期间内平均成熟，比如"股权分四年成熟，每年成熟25%"或者"股权分四年成熟"；有的则是在规定的期间内有变化的成熟，比如"股权分四年成熟，前两年每年成熟25%，后两年每月成熟剩余的二十四分之一"。

### 4.股权回购

这就是常说的退出机制，在条款设计上主要包括以下三个方面：

第一，回购条件，也即是触发的情形。在回购的条件方面，根据不同的情况，有合伙人主动从公司离职、因自身原因不能履行职务，或因故意、重大过失被解职或创始人违反协议内容等触发条件。

第二，回购主体。在回购主体方面，有创始人为回购主体，以及创始人和未被回购的合伙人全体按比例同为回购主体的设置。

第三，回购价格。区分为两种情况：一是未成熟的股权名义价格回购，因为合伙人获得股权的主要对价为全职的服务承诺，如果合伙人股东未满服务期，回购方应有权以名义对价回购未成熟的股权。二是在回购时法律对最低回购价格有另行强制性规定。

二是对于成熟股权，应以市场公允价格回购，但最好设置确定的可计算方式。当然对于成熟股权，如果退出方有过错，也可以设定一个惩罚性的回购价格。

### 5.控制权条款

对于一个创业团队，统一思想和把握住创始团队对公司控制权至关重要，而搞不清谁做主的团队或初创公司，肯定会出现问题，控制权就会权益旁落。控制权，并不是独裁，而是在规则之下合伙人可以参与决策，实现民主集中制的一种治理安排。具体做法是在公司治理结构下，对股东会、董事会进行权力分配，并签署一致行动协议。

### 6.董事会条款

董事会负责为公司作出关乎企业发展甚至生死存亡的重大决策，如融资、收购、聘用或解雇某位高级管理层成员等。这些都不容许犯错，所以做出这些决策的董事会的成员构成至关重要。董事会决策时按人头计票，这体现了决策人的专业价值。对于董事设计，一是要在结构上有好的董事会成员，不同的董事带来的价值会相差数倍，确保企业未来的许多重要决策是由那些在这个行业领域有着丰富经验的聪明人来做出；二是要在议事规则上进行设计，例如某些事项是必须全体董事通过，某些事项是过半数同意，某些事项是三分之二多数同意。

### 7.股东会条款

股东会是公司的最高权力机构。《公司法》规定的股东会第一至十项职权属于法定职权，在合伙协议中需要进一步设计，主要是在表决权安排方面，例如为实现投票权集中，可以使用投票权委托或规定不按出资比例行使表决权等。

### 8.离婚股权分割限制

创业过程中，如果出现合伙人配偶离婚，股权架构会受到重大影响，根据《民法典》相关规定，夫妻关系存续期间任何一方投资取得的股权，属于夫妻共同财产，离婚时可进行分割。当然，如果公司投资设立于结婚之前，股权则不属于夫妻共同财产。从《公司法》的规定看，法律允许公司股东对股权进行约定，对有夫妻法律事实存在的股东的股权转让、处置、权利范围进行特殊约定。一般做法是，可以单独就合伙人取得的公司股权，以单项财产约定，配偶只享有收益分配权。

### 9.股东资格继承排除

天有不测风云，创业过程也可能遇到意外，那么关于股东资格继承的问题，就需要提起注意。特别是创业早期，创业主要依赖合伙人的人力资本投入，如果出现继承，那么创业团队面临不确定性。《公司法》第七十五条规定：自然人股东死亡后，其合法继承人可以继承股东资格；但是，公司章程另有规定的除外。因此，通过合伙协议约定，股东资格不能继承，同时约定被继承合伙人的股权由其他合伙人按照市场公允价回购。

**10. 知识产权与竞业禁止**

实践中，有些合伙人是以技术、特定劳务或特定资源出资，那就得通过条款进行技术处理，以实现合法化。另外，虽然《公司法》规定了公司的高层管理人员必须承担法定竞业禁止义务，但当合伙人离开公司时，就有可能将公司商业信息用于自己或他人所需，经营与公司存在竞争的业务。此时，就需要对合伙人潜在的竞业行为予以约束。但是，法律并没有限定股东的竞业行为，公司或其他股东必须与退出股东签订竞业限制协议，在合伙协议明确并约定具体的违约责任，方可保护公司利益。

**11. 违约责任与争议解决**

违约责任的大小关系到合同效力的强弱，如没约定违约责任，一方违约仅能从损失上计算，无法对违约行为起到制约作用，这个条款是保障合同效力的重要条款。如果合伙人违反的是《公司法》规定的义务，其他合伙人可请求法院判决赔偿因被侵权受到的损失；如果属于违反合伙人义务的情形，且提前约定了违反义务的后果，则按照约定的方式和数额承担违约责任。因此，可对前述十大条款中涉及的违约行为分别约定违约责任的数额和承担方式。

# 第五章

# 事业合伙

## ——从门店连锁企业看事业合伙

在《史记·高祖本纪》中，刘邦论成败的时候，说了这样一段话："夫运筹帷幄之中，决胜于千里之外，吾不如子房；镇国家，抚百姓，给馈饷，不绝粮道，吾不如萧何；连百万之军，战必胜，攻必取，吾不如韩信。此三人，皆人杰也，吾能用之，此吾所以取天下也。"

事业合伙阶段是企业开始走向快速发展、抢占市场的阶段，创始人的核心工作就是找到像张良、萧何、韩信这样能够成就大业的事业合伙人，实现该阶段的战略目标。

## 5.1 事业合伙的定义

对一些高度认同企业使命、价值观的核心精英人才,公司需要与他们建立事业共同体,通过让他们出钱、出力等出资方式拥有公司股权,为实现共同的目标,与公司共同经营、共担风险、共享收益的合伙模式我们称为事业合伙。

那到底如何进行事业合伙呢?本章我们重点以餐饮连锁企业为案例,结合合伙的两项原则(合得明白、分得清楚)以及合伙三支柱(互信的思维、互补的能力、互成的机制)的理念,来阐述如何进行事业合伙。

## 5.2　事业合伙如何合得明白

我们都知道，企业要获得快速发展的关键就是要找到优秀的精英人才成为事业合伙人，那凭什么人才愿意加盟我们呢？这至少要回答三个方面的问题：

首先，我们的公司是否靠谱？即公司文化对哪些人才有吸引力；

其次，我们公司做的事业是否有前途？即我们的战略定位是否清晰；

最后，公司的发展与人才有什么关系，即人才帮助公司获得发展能从中获得什么好处。

同理，作为人才也想成为事业合伙人，借公司这个好平台来实现自己的事业梦想，那凭什么好公司会需要你呢？同样也得回答三个问题：

首先，我需要具备哪些符合优秀公司需要的特质？

其次，我的能力能帮助公司实现战略目标吗？

最后，我在帮助公司实现目标的同时能否实现自身的利益诉求？

如果公司回答的三个问题与人才回答的三个问题能有很好的匹配度，那么公司与人才就能做到互信和互补，就具备了事业合伙的前提和基础。

据此，我们下面重点从"事业合伙人应具备的特质、公司明确的战略定位、公司与人才事业合伙的关键是找好契合度"这三方面来谈事业合伙如何"合"得明白。

# 一、事业合伙人应该具备的特质

### 案例5-1 "最牛服务员"杨丽娟的故事。

2018年9月26日海底捞上市,创始人张勇夫妇从2017年的50亿元财富,到如今身家600亿元,一跃成为中国前50名的富豪。但身家暴涨的并不止张勇夫妇,17岁就跟着张勇做服务员的杨丽娟,在海底捞上市后,身家蹿升至30亿元,被称为中国"最牛服务员"。

杨丽娟1978年出生在四川简阳的一个农村,那是一个根本看不到希望的家庭。20世纪90年代初两个哥哥做蜂窝煤生意惨败,欠了一屁股债,一到过年,债主挤满屋子。为了还债,那时才读初中的杨丽娟,也只能辍学,来到简阳市区的一家小餐馆打工。按照这样的剧本,她应该就是端盘子、洗碗、上菜……打工赚钱给哥哥还债,然后嫁人,生儿育女,平平凡凡过一辈子。

杨丽娟追随张勇做服务员时才17岁,由于工作突出,在服务员、配料、上菜、收款都干了一遍后,她每半年升一级,从领班到大堂经理,再到19岁成了简阳海底捞第一家店的店长。21岁那年,创立五年的海底捞首次走出四川简阳,来到西安开了第一家分店,杨丽娟被张勇派去独立管理海底捞西安店,管理百名员工。

30岁时,杨丽娟成为公司唯一一个副总经理,总经理是张勇。

34岁时,杨丽娟全面掌管海底捞所有门店运营,这一年开始,海底捞开始走出国门,第一站在新加坡,之后又挺进美国,整个过程包括选址、谈判,她都亲自参与。

40岁时,也就是2018年1月,杨丽娟任非执行董事、首席运营官;2022年3月,开始担任首席执行官。

关于杨丽娟的股份:2001年时,她作为核心员工在四川海底捞登记时成为十大原始出资人之一,出资约25万元,出资比例为0.2%;2014年前后,张勇给核心老员工发放股权,之后她大概占到4%;2018年,海底捞上市后,她的股份被稀释掉一小部分至3.6798%,但她的身价依然超过了30亿元。

一个原本普普通通的初中都没毕业的农村女孩,从服务员到今天的30

亿元身价，她究竟有什么特别之处呢？

我们看看她被海底捞派去西安开店时发生的一些故事。

在某一天，海底捞西安店里三个人喝醉后，跟服务员吵起来，而且还动手打了两个女服务员。结果男服务员不干了，就围上去把三个喝醉的人打了一顿。三个男的来者不善，走的时候撂下一句："你们就等着吧！"没过三个小时，两辆卡车开过来，跳下60多个手持棍棒的大汉。对方再次撂下狠话：给五万元赔偿，否则直接砸店！海底捞马上拨打了110报警，可警察出警毕竟需要一段时间，这时候店被砸了怎么办？万分火急是最考验人的时候，杨丽娟一声令下，组织100多名店员冲出店，男的在前，女的在后，不到一米六的她冲到最前面的中间！大家都知道，老实的怕凶的，凶的怕不要命的！看见海底捞这阵势，那60个大汉却心虚了，站在马路对面，愣是没敢过来。不一会派出所警察赶到，紧接着三辆110警车鸣着警笛赶到。这一次，杨丽娟守住了自己的家——海底捞，她说当时忘了害怕，只是一个念头上来，这个店花了这么多钱装修，绝对不能让人给砸了！

她刚到西安店的初期运营也异常艰难，看看杨丽娟如何做的？他们去街上的电线杆贴小广告宣传海底捞，后来直接被城管没收营业执照，杨丽娟软磨硬泡，老实承认错误，把执照要回来；他们带着暖壶装满豆浆，去附近单位挨家挨户送给人家喝，上下班时也去公交车站送，借机会宣传海底捞；后来直接去大街上往店里拉顾客来吃……

就靠这样，她带领店员尝试了各种方法后，终于把店救活了。

杨丽娟从一个初中都没上完的小姑娘，一步步成长为上市公司海底捞的首席执行官，可以说是海底捞最重要的事业合伙人。

从杨丽娟身上我们可以看到一个人才要成为事业合伙人应具备的特质。

## （一）具有创业者解决问题的能力

在上面的故事中，杨丽娟不论是遇到来店里闹事的醉汉，还是城管没收营业执照，更有店面初期运营的种种困难，她都能勇于面对，都能想办法一一解决。解决问题的动力是她更像一个创业者，把海底捞的店当成自己的店，把店里的一切事都当成自己的事情去做。而没有把自己当成一个打工仔，处处请示老板。

### （二）具有较强的领导力

比如杨丽娟作为店长就有超强的领导力，一个只有21岁的小女孩就能带领100多人，且能让人信服，的确不是一般人能做到的。

### （三）利他思维及底线原则

比如在没生意的时候，杨丽娟就去附近单位挨家挨户送豆浆给人喝，通过这种可贵的利他行为，为海底捞带来了大量的忠实客户。而她对于地痞闹事等行为却坚决制止，毫不手软。

### （四）认同公司的经营理念

这包括公司的事业方向，如使命、愿景、核心价值观等。杨丽娟之所以有今天的成就，背后的底层动力是什么？她是穷苦人家出身，我想在她骨子里本身就有想改变命运的强大驱动力，但同时我们也不能低估她高度认同海底捞"靠双手改变命运"这条底层价值观的作用，让她改变贫穷去追求美好生活的愿望变得更强烈。

一个公司的文化源于创始人的核心价值观，一个优秀人才能不能变得更优秀也取决于老板的态度和价值观。在海底捞，一线服务员都有免单的权利。对于店长，更是有更大的自主决定权，连一个店的装修风格都完全由店长说了算。杨丽娟之所以能发挥自己强大的解决问题能力，就是因为有这种老板对员工的信任和视为家人的尊重，才能让人才无所顾忌地尽情发挥自己的潜能，才能把公司的事情当成自己的事情尽全力做好。

所以，公司的创始人或核心领导层能不能做到平权，是决定事业合伙成败的关键。很多老板总是把员工当成自己的"奴仆"，处处显示出老板的尊严，也习惯员工称自己为领导。这种老板即使也想发展事业合伙人，可怎么能成功呢？这种老板只能天天抱怨自己身边缺少人才。

## 二、公司明确的战略定位

我们在前面进过，一个企业要想取得更好的发展一定离不开优秀的人才，而优秀的人才都希望去有前途的企业去发展，正所谓"良禽择木而栖，贤臣择主而事"。

那什么样的企业有前途呢？

拿餐饮企业来说，要成为优秀的企业，我认为首先要有明确的战略定位，即要有明确的品牌战略定位及清晰的经营模式。

### （一）要有明确的品牌战略定位

当我们想吃火锅，想体验上帝般的感觉时，肯定会想到去海底捞消费，因为海底捞已经成为餐饮行业"极致服务"的代名词。如果你也是做火锅生意的，梦想做成一个海底捞一样的知名火锅品牌，你就不能强调比海底捞更好的服务，而应该强调和它有差异性的品牌定位，才有成功的机会。有一家叫巴奴毛肚火锅的品牌，在郑州的市场占有率和口碑甚至超过了海底捞。它强调"服务不是巴奴的特色，毛肚和菌汤才是"，这就是它成功的关键。所以要想公司做大最强，面对激烈的市场竞争，尤其是市场已经有非常稳固的强势品牌时，你一定要做到"与其更好不如不同"的品牌定位。正如海底捞卖的是极致服务，而巴奴强调的是产品主义。

**1.做品牌战略定位应该综合考虑三个核心要素**

第一，从市场的的角度看，给你留下什么机会；

第二，从企业角度看，你的核心能力到底是什么，也就是你和你的团队到底能做出什么与众不同的事情；

第三，从顾客的角度看，要发现未来的趋势，未来10年甚至20年，这件事到底能不能满足顾客潜在的消费需求，能不能持续盈利。

简单讲，就是找到竞争对手的盲点、企业自身的优点、顾客的痛点三者的交点。这个交点就是你的战略定位，通常好的定位都能对应鲜明的价值主张，如巴奴毛肚火锅对标海底捞的"服务不是我的特色，毛肚和菌汤才是"；喜家德水饺的价值主张"现包的水饺才好吃"。战略定位也不是一开始就能找到的，一般与企业的某种优势基因有关，但我们要有意识地发现并提炼我们独有的优势，之后不断强化才能成为顾客心目中的第一或者唯一，形成品牌的独特定位。

**2. 运营活动要能够支撑品牌战略定位**

找到自己的品牌战略定位绝不是简单的喊喊口号就能成功，而是所有的运营活动都要能匹配你的定位，能够经年累月地切实落实你提出的价值主张，真正为顾客创造价值，才能不断累积你的品牌资产。

### 案例5-2　海底捞是如何形成并践行"极致服务"的？

人人皆知的海底捞创立于1994年3月，张勇和舒萍、施永宏和李海燕两对夫妻四个年轻人共投资8000元，在四川简阳开了第一家火锅店。截至2019年12月31日，这家火锅店扩张成了768家店，10万员工遍布全球，年营收超265亿元。它能如此成功的核心，就是它极致的服务能力。

张勇24岁的时候，用四张桌子开始做麻辣烫，这家麻辣烫店就是海底捞的前身。他创业的时候是"四无"创业，没背景、没学历、没钱，外加没能力。他自己曾说，他创业的时候连炒火锅底料都不会，只好买本书，左手拿着书，右手炒料，边炒边学。当时四川的火锅竞争很激烈，他家火锅的口味竞争不过别人，他只好转而和竞争对手比服务，通过特别殷勤的服务来吸引客人。

海底捞在20世纪90年代的服务，就已经堪称极致乃至"变态"。下雨天，一个老客户从乡下回来，鞋子脏了，张勇当场就把他的鞋擦干净；一个客人吃饭的时候，前天晚上喝了酒，胃难受，张勇默默地给他熬了一锅小米粥；一个顾客说，你家辣椒酱好吃，张勇直接送了几罐辣椒酱给他带回家。

1999年，一位来自西安的顾客被海底捞的服务给感动了，提议与张勇合伙到西安开店。于是，在对团队和服务进行极致打磨了五年之后，海底捞第一次走出简阳，来到西安。

海底捞在西安的这家店，头几个月连连亏损，眼看就把之前攒的老本赔光了。危急关头，坐镇简阳的张勇要求合伙人撤资，然后把自己的得力助手杨丽娟派到西安，只干了一件事情——回归海底捞在简阳的看家本领：

服务高于一切。杨丽娟接手后，核心能力回归，短短两个月，海底捞的西安店奇迹般地扭亏为盈。

海底捞的服务理念不仅能从张勇传承到杨丽娟，更是传承到海底捞的每一位员工。在一本由海底捞离职员工写的《海底捞店长日记》中，我看到作者介绍了几个优秀案例，让我简直不敢相信这是真的。比如，一位客人就餐时，不小心把自己的舌头咬了。海底捞的员工就给客人准备了粥品，并申请把客人的单免了。客人没想到，自己咬了舌头还能免单，因祸得福，笑口大开，最后成了海底捞的忠实客人。再比如，一次有几位客人去海底捞就餐时，因为人多没有了位子，等了一个多小时后，大厅腾出一张大桌，客户嫌太吵就去了别的饭店。海底捞员工看到客人等了一个多小时，结果还没吃上饭，心里感到愧疚。客人走时，他们帮助客人掏了打车费。后来知道，这些客人中有一位正好过生日。于是，他们确认了客人就餐的饭店后，就买了一束鲜花和500元代金券去问候客人，并为随同大人就餐的两位小朋友分别准备了小礼物。到了客人就餐现场，他们表明了来意，送了礼品并表达了海底捞的歉意。这样的举动不用说那些客人会感到惊讶，我们看到这个故事时也不免惊讶，这也许就是海底捞的成功我们学不会的根本原因吧。

我们很多做企业的人都想学习海底捞的服务，而很多学习的人并没有成功。我想可能有以下几方面原因：一是对服务的认识问题，服务不是简单的端茶倒水，而是一套体系，包括产品和装修环境等一切给客户带来的感受，是客户体验的总和。二是服务应该是能根据具体的场景提供真正满足客户需求的价值，客户去你那里吃饭，没有空余的位子，等餐时寂寞无聊时你给他们擦擦鞋子、做做美甲是没问题的。为了服务而服务的"过度服务"是要避免的，比如，有些情侣在一起就餐聊天，你为了体现热情，就不停地去打扰别人，心是好的，但方式不可取。还有就是多余的服务，例如，客人拿着空啤酒瓶向服务员晃动，而客人旁边还有酒，员工跑过去问客人需不需要开酒，这就是"多余服务"。我们完全可以过去给客人直接把酒打开，做到"无声服务"。三是服务要有底层的价值观支撑，并能把这种价值观层面的东西通过制度保证有效落地。海底捞的文化核心就是"双手改变命运，人生而平等"。海底捞员工通过努力服务让客户能享受到更愉快的用餐体验，客户只有满意才能不断买单，只有更多客户不断买单企业才能得到更多的收益，有了收益员工就能得到更好的待遇。在海底捞普通员工的收入也要高出同行30%以上，如果是一名优秀的店长一年就能收入几百万，真正把"双手改变命运"落到了实处。海底捞尊重员工，肯定员工的付出，不断激励，从实习培训开始，就会肯定员工，给优秀员工以即时性奖励。不管是奖励一斤水果还是一双袜子，这些无微不至的员工关怀，让员工有一种家的归属感。在海底捞，没有谁是高高在上的领导，都是为客户服务的服务员，对管理人员不是叫哥就是叫姐，连张勇这个董事长也被亲切地称为张大哥，这和创始人张勇主张的"人生而平等"的价值观是分不开的。

### 案例5-3　巴奴火锅是如何做好毛肚火锅品类定位的？

巴奴成立于2001年，一直以来不温不火，直到2012年才确定"毛肚"战略，并更名为"巴奴毛肚火锅"。如果说海底捞是"好服务"的代名词，那巴奴则是毛肚火锅品类的开山鼻祖，成功将毛肚和菌锅打造为自己的品牌特色，从此带火了毛肚，成为"毛肚火锅"代名词。

想通过做一个品类做大品牌，需要做到：

**一是找准品类定位，要有能做大的空间。**

为什么巴奴定位自己为"毛肚火锅"？我们简单回顾一下巴奴的定位史。

巴奴的第一次定位：本色本味。

这是由内而外的思维方式，从企业内部资源出发宣传，告诉顾客巴奴做的是本色本味，但并不知道巴奴主要卖什么产品。

巴奴的第二次定位：服务不是巴奴的特色，毛肚和菌汤才是。

打架，通常是最容易出名的方法之一，这是一个常识。在武侠小说中打架也是如此，和一个英雄、一个绝世高手打架，虽败犹荣，倘若战胜，就会一举成名，就会成为史诗级的故事主角。"服务不是巴奴的特色，毛肚和菌汤才是"是巴奴的定位广告语，而不是噱头和凭空口号，它是做好了战略落地和营运配称的。"服务不是巴奴的特色"，很明显是针对海底捞提出来的，因为海底捞火锅是"服务"的代名词。巴奴火锅让自己站在海底捞火锅的对立面，这是一种很有效的关联定位方法，迅速和当地市场最火热的火锅攀上关系，哪怕是竞争对手的关系。

第二句"毛肚和菌汤才是"聚焦菜品，不只是提出了自己的定位，更是用这个定位直戳海底捞的认知软肋，如果没有对准海底捞的软肋，巴奴也不会获得空前成功。

海底捞火锅的门店大多在100张桌子以上，这么大的经营面积其实可以做到菜品品种全、味道不错、食材新鲜。但心智认知更重要，鱼和熊掌不可兼得，这是心智规律，海底捞是服务至上，就不会被认为是产品至上。

重庆火锅代表麻辣、毛肚，内蒙古火锅代表羊肉，这是在顾客心中潜在的心智优势，外地品牌是无法抢夺的。

所以巴奴只有从重庆火锅品类的内部资源挖掘，在麻辣老火锅、毛肚、鸭肠、鹅肠等品类中选择，并最终选择了毛肚。

菌汤本来不是重庆火锅的特色，但是巴奴把它提出来了，而且在锅中央留了一个煮菌汤的空间，让每位顾客都能品尝到菌汤，而在多数火锅店，即便他们的菌汤口感更好，但是受点击率的影响（通常不到客人数的20%），大多数客人无法认知菌汤的品质。巴奴的这种做法让所有顾客都喝到菌汤，实际上是让所有到店的客人都可以喝到巴奴的菌汤，而且是免费无限量喝的，你都不好意思说它的菌汤不好喝。

"服务不是巴奴的特色，毛肚和菌汤才是"，之所以让巴奴名声大噪，最关键的是因为它与海底捞的心智对决，长效的持续增长则来自它的战略配称。只有一句定位广告语是不够的，巴奴用毛肚和菌汤做了一道证明题，让顾客深信不疑。

巴奴的第三次定位：聚焦毛肚，舍弃菌汤。

为什么不是巴奴菌汤火锅？而只能是毛肚火锅？我们从品牌定位、品类战略、心智需要简单信息、经济增长等多维度评估，巴奴应该果断放弃菌汤，聚焦毛肚，让品牌只有一个焦点。

我认为有以下七大原因足以让巴奴这么做。

一是明星产品的经济效益。

经济效益是公司经营的第一原则。免费的菌汤与56元一份的毛肚对比，答案显而易见。重庆老火锅的优势是味道，痛点也是味道，因为味道产生的直接经济效益很低，而且顾客不容易识别味道的细微差别。

二是巴奴的重庆公司背景。

重庆是毛肚火锅的起源地，而熬菌汤用的菌菇，全国消费者心智中公认的是云南更正宗。作为一个重庆的火锅品牌，舍本逐末，会让人觉得它做得不正宗。例如重庆人做的麻辣火锅，会让顾客觉得差不到哪里去，这就是心智优势。让消费者认为你销售的是正宗货，这一点比其他任何认知都重要。

三是毛肚比菌汤更有文化内涵。

菌汤火锅缺乏文化底蕴，而吃毛肚在1700多年就开始流行，重庆火锅也被很多人称为毛肚火锅，甚至在巴奴人看来，毛肚火锅是现代火锅的源头。这个概念一旦被认可，就会成为巴奴毛肚火锅发展的后劲。做大毛肚火锅这个品类的机会远远大于菌汤火锅，市场份额会更大。巴奴的愿景是让毛肚火锅走向全球。可以说，聚焦毛肚、放弃菌汤，是为巴奴的全球战略做铺垫。

四是毛肚质量的稳定性比菌汤高。

菌汤会因为熬汤的火候不同出现品质口感的波动，哪怕只是很细微的，但放到上百家连锁店就会出现很多差别，何况巴奴毛肚火锅的使命是走向全球，开上1000家的连锁火锅店呢？而工厂标准化生产的毛肚产品，标准化程度更高、质量稳定性更高。不好掌握火候是中餐复制难的根本原因，作为火锅的巴奴，不应选短板——熬菌汤。

五是毛肚的顾客接受率。

每个人的口味不一样，选择锅底不一样。

毛肚可以说是每位顾客都接受的，但清淡养生的菌汤顾客接受率至少减半，麻辣才是火锅的主流口味。让消费者因为口味习惯直接放弃你的招牌产品，是一个大众火锅品牌最不愿意见到的局面，巴奴当然不会自缚手脚。

六是资源整合的稳定性和议价权。

菌汤熬制需要30多种菌菇，需要多家供货商供货，首先是采购程序繁琐，其次是未必能保持最合适的供货价格，同时熬菌汤用的原料量小，给公司带来的经济效益远远低于毛肚。

最关键的还是信任状。

毛肚的信任状更容易获得，可以签约大草原的牧场、肉牛屠宰场，以获得顾客足够的信任。还可以在技术上升级产品，例如巴奴现在的毛肚酶化技术。

七是毛肚产品的可塑造性。

有不少餐饮同行认为，很多火锅的菌汤和巴奴的菌汤比较起来，口感相差无几，而细微的差别很难说服顾客。但是，毛肚的器皿盘型、刀工、口感、手感更容易让顾客感知差别，比如会跳舞的毛肚，顾客看得到。

我们从餐饮五觉体验来看，菌汤占了最不可靠的味觉，还有嗅觉。而毛肚可以从视觉、触觉、味觉方面给顾客带来与众不同的体验，而人们对事物的感受70%来自视觉，就像一个衣着得体的人比一个懂很多知识但衣着邋遢的人更受欢迎。

**二是你要成为品类代名词，本质上是做好产品，通过不断打磨出极致好产品让客户有持续购买的理由。**

巴奴创始人杜中兵有这样一段话：产品主义绝不是做好产品这么简单，而是用品牌思维、战略思维、极致思维、信念思维来重构产品。产品是前面的那个一，装修、服务都是后面的零。没有前面的这个一，后面再多零都毫无意义。唯有产品，才能界定你的业务，明确你的使命，确定你的战略，树立你的愿景。唯有品牌才能赋予产品号召力，让你始终围绕不变而变，直到最终登顶。

2020年3月16日，番茄资本官宣，独家战略投资巴奴毛肚火锅近亿元。据番茄资本投资创始人向媒体透露，他眼中看到的巴奴创始人杜中兵，永远在和供应商、团队等讨论产品，也正因为看到杜中兵和产品较真的劲，才称其为餐饮界的"乔布斯"。

巴奴对产品要求十分苛刻，进而倒逼整个供应链层面，以高品质健康食材、极致美味的用户需求为核心，构建起养殖种植、生产加工、仓储冷链、门店为一体的供应链体系，也就是巴奴号称的"第三代供应链"。从这样的产品理念出发,巴奴在重庆自建了底料研发和加工基地,以及三个国内先进的,集加工、仓储、物流配送为一体的现代化中央工厂,形成了以用户为中心的高品质供应链体系。巴奴对产品选料十分挑别,据说巴奴选用的毛肚都是完整的、大片的毛肚。另外,在联合三全食品研发茴香小油条时,坚持使用天然面粉,推出"好面不用舞,天然零添加"的巴奴拽面及"玻琉瓶+木塞"造型的"绣球菌",使之成为火锅餐桌上的"新招牌"。

**三是做好产品结构,对于餐饮来说,菜品结构是餐厅的品牌展示,是餐厅的盈利保证,是餐厅的效率基础。**

菜品分类是顾客点菜的引导,合理的分类可以增加顾客对餐厅菜品丰富度的认知,可以有效地控制顾客点单,是人均消费的保证,我们看巴奴对菜品分类的三种分类组合方式:

一是明星分类。

巴奴毛肚、十二大护法两个分类是明星分类,这是就餐顾客的一级引导,是一桌菜品的核心骨干,70%~80%的营业额由明星分类贡献,这里面每一道极致的产品都体现了巴奴的付出,同时给巴奴带来巨大的品牌效益与经济效益,符合二八定律的原理。

二是特殊分类或季节分类。

新品上市、重庆火锅必点、自制饮品,属于这个分类,这个分类考虑的重点是顾客的思考维度。老顾客关注有没有新菜品推出,所以就有了季节分类,而从火锅爱好者们角度看,重庆火锅是必点菜。

三是一般分类。

荤菜、豆粉类、菌类蔬菜、主食、甜品、其他,属于一般分类,这是正常就餐的点选类别。

分类是盈利规划的重要环节,做到归类清楚,自然就有了下一步工作的重心。比如,如何包装、如何引导顾客点菜,从而增加营业额,提高顾客满意度。

## (二)明确的经营模式选择

同样是做火锅餐饮服务连锁的两家香港上市公司,海底捞与呷哺呷哺却选择完全不同的经营模式，海底捞是提供主动服务的差异化经营模式，而呷哺呷哺采用的则是低成本扩张经营模式。

经营模式的不同本质上也就是客户定位的不同。海底捞的客户定位放在中高端市场，主要面向一二线城市的人群，并提供高水准的服务和高品质的食材，适合多人聚餐；而呷哺呷哺是将火锅与快餐属性结合在一起的连锁品牌，方便快捷，更适合单人和上班族。

两种经营模式对应两种不同的运营模式。海底捞为客户提供的是超越产品本身的差异化服务，所以它的运营要全部围绕"服务至上，客户至上"的理念进行；呷哺呷哺为客户提供的是方便、快捷、实惠的火锅体验，所以它的运营要围绕"低成本，高效率"来进行。

表5-1　海底捞与呷哺呷哺的运营对比

| 序号 | 细节 | 海底捞 | 呷哺呷哺 |
| --- | --- | --- | --- |
| 1 | 后厨 | 复杂 | 简单 |
| 2 | 卫生间 | 五星级 | 无 |
| 3 | 等候空间 | 很大 | 很小 |
| 4 | 服务空间 | 大 | 小 |
| 5 | 餐台布置 | 传统 | 吧台 |
| 6 | 用餐空间 | 大 | 小 |
| 7 | 总空间利用率 | 小 | 大 |
| 8 | 餐厅面积 | 大 | 小 |
| 9 | 餐厅数量 | 少 | 多 |
| 10 | 服务种类 | 很多 | 很少 |
| 11 | 服务响应时间 | 快 | 慢 |
| 12 | 服务员数量 | 多 | 少 |
| 13 | 服务员忙闲 | 相对闲 | 非常忙 |
| 14 | 色彩 | 暗 | 明亮 |
| 15 | 餐具 | 陶瓷 | 塑料 |
| 16 | 小料 | 丰富 | 极少 |
| 17 | 饮料 | 很多 | 很少 |

续表

| 序号 | 细节 | 海底捞 | 呷哺呷哺 |
|---|---|---|---|
| 18 | 菜单 | 复杂 | 相对简单 |
| 19 | 菜品 | 复杂 | 简单 |
| 20 | 点餐 | 慢 | 快 |
| 21 | 收银 | 餐后 | 餐中 |
| 22 | 清洁 | 多次热毛巾 | 一张纸巾 |
| 23 | 交接班 | 复杂 | 简单 |
| 24 | 就餐时间 | 长 | 短 |

## 三、合得好的关键是找好契合度

前面我们讲了事业合伙人应具备的特质以及公司需要有明确的战略定位，以此为基础，公司就可以根据自身的实际情况匹配适合的事业合伙人。具体应该考虑以下三方面是否契合：

### （一）人才的理念与公司经营理念是否契合

公司的经营理念主要是指公司使命、愿景以及和其匹配的核心价值观。海底捞的使命是：始终秉承服务至上、顾客至上的理念，以创新为核心，改变传统的标准化、单一化的服务，提倡个性化的特色服务，致力于为顾客提供愉悦的用餐服务。海底捞的愿景是：让所有人吃火锅的时候首选海底捞。海底捞的价值观是：在管理上，提倡双手改变命运的价值观，为员工创建公平公正的工作环境，实施人性化和亲情化的管理模式，提升员工价值。如果杨丽娟不认同海底捞的这些经营理念，自己的理念不能与公司的理念很好地契合，她今天怎能成为海底捞的首席执行官呢？

尤其是在核心价值观层面，人才与公司一定不能背道而驰。比如你是个能力非常强的人才，你信仰的是，成功要靠"运气"而不是靠"双手改变命运"，那你就不能去海底捞工作。同样海底捞也不该发展你这样与其价值观不匹配的人成为事业合伙人，因为价值观是指导我们行为的标准和准则。

一个公司的核心价值观就是指导企业里所有人共同做事的方法和原则。对价值观，马云有个比喻："使命，是做正确的事；价值观，是正确地做事。如果把使命作为我们的目标地，价值观就是高速公路上的红绿灯和黄线白线，按照这条路开，永远有准则。"

每个人都是独特的个体，这个世界不存在两个完全相同的价值观。但是在能否成为事业合伙人这件事上，公司与人才在"核心价值观"上一定要有匹配的契合度。

优秀的公司都有明确的价值观。比如，海底捞核心价值观是"人生而平等，双手改变命运"；华为的价值观是"以客户为中心，以奋斗者为本，长期艰苦奋斗"；阿里巴巴的价值观是"客户第一、员工第二、股东第三，因为信任所以简单，唯一不变的是变化，今天最好的表现是明天最低的要求，此时此刻非我莫属，认真生活快乐工作"六条，被称为六脉神剑。这些公司之所以如此优秀，是因为他们不仅有明确的价值观，还把这些价值观理念转化成制度，贯彻到员工的日常行为中，并据此决定员工的晋升、辞退、薪酬待遇等。

一个人的核心价值观的形成，我认为源于其生活和经历的影响；一个公司的核心价值观的形成，源于核心创始人价值观的影响和是否能匹配公司业务发展的需要。比如，同样是做火锅的海底捞和巴奴的核心价值观不同，是因为核心创始人的价值观不同，但他们要成为优秀的公司，都必须要关注食品安全这个行业底线，否则很难真正走向成功。价值观会受业务的影响，公司业务改变了，价值观也要随之调整。比如，阿里巴巴现在的价值观被称为"新六脉神剑"，就是最近根据业务调整而改变的结果。对于如何提炼公司价值观，有很多不同的观点，我的观点是由公司核心负责人提出观点，由员工充分讨论达成共识。

## （二）人才能力与公司战略定位所需能力是否契合

不同的公司战略定位对应不同的人才能力。比如，海底捞和呷哺呷哺同是做火锅餐饮服务的，它们因为战略定位不同对员工的能力要求也就不同。海底捞是以差异化的服务取胜，所以要求服务员必须具备主动服务的特质才行。而呷哺呷哺则是靠效率取胜的低成本战略，所以服务员干活快是关键。海底捞需要应对复杂现场的管理人才，所以培养一个店长平均需要四年时间；而呷哺呷哺因低成本战略，强调标准化执行的管理能力，所以培养一个店长只需1~2年。

所以对公司来说，优秀人才的定义没有统一标准，而是取决于公司战略定位和经营模式。只有根据公司的行业属性、模式属性，甚至不同的阶段、不同的地域文化等，找到最佳契合点的人才，才能找到适合你的事业合伙人。

### （三）人才目标与公司目标是否契合

公司要想实现自身的战略目标，能否做到使人才从"让我干"到"我要干"的转变，这才是关键。"我要干"是我为了我自己的目标而奋斗，而不是我为你打工。这就要求把人才目标和公司目标进行融合，即公司目标的实现过程也是个人目标的实现过程。另外，公司追求长期目标，这就要求人才不能因为短期利益而伤害长期战略价值。所以，公司追求的长期目标要与人才追求的长期利益进行绑定，只有找到共同追求目标的契合点才能真正实现事业合伙。

不论你是公司创始人，还是优秀的人才，要想实现自己的目标，通过事业合伙的方式是很好的路径。如何找到和我们"合得来"的事业合伙人，根据上述三个方面给自己打一下分吧，假如每项分值是100分，你给自己打多少分呢？三项加权平均的分数是多少呢？

## 5.3 事业合伙如何分得清楚

当我们知道了事业合伙如何做才能"合得明白"的思路,接下来就要做好为了追求共同目标而共创价值、共担风险,共享收益的分工、分权、分利的互成保障机制。

下面我们将从三方面来展开介绍事业合伙如何"分得清楚":

一是明确事业合伙的内涵。

二是制定事业合伙的机制。

三是事业合伙制度协议要明确的内容。

### 一、事业合伙的内涵

事业合伙强调人才与公司在理念互信为前提、能力互补为基础的条件下,做到共同经营、共担风险、共享收益,三位一体,缺一不可。

所以我们不能把以下这几种情况当成事业合伙人:

第一种情况,只有利益分享而缺少共担风险,比如员工不出钱就拥有公司一定比例的股权激励,公司赚钱一起分享,赔了与他们也无关。这种缺少共担责任就可以分享利益的合伙人,不能称为是事业合伙人。

第二种情况,只出钱,不能共同经营的股东或者单纯的资源整合,不能称为事业合伙人。

第三种情况,虽然以经营者身份出现,但不承担经营风险,拿固定薪酬收益的职业经理人,不能称为事业合伙人。

究竟什么是事业合伙人，我们如何开展事业合伙？下面我们通过以下四个知名连锁门店企业的事业合伙案例来了解一下。

### 案例5-4　海底捞从师徒制到事业合伙人

海底捞之所以能有今天的辉煌成绩，和它的师徒制有很大关系。

餐饮连锁的本质就是复制门店，而复制门店的核心是看有没有更多优秀的店长。而在培养新店长方面，行之有效的方式就是由经验丰富的老店长手把手带出合格的新店长。但难点是如何避免"教会徒弟、饿死师父"的困境，且让老店长对新店长心甘情愿地倾囊相授呢？

在餐饮行业，有可能几年都遇不到一次的问题（例如失火、食品安全、客人在店滑倒等）会让没有经验的店长不知所措，甚至酿成舆情危机，让整个品牌价值受损。因此，必须激励老店长的思维模式从利己转变为利他，从而让店长的整体专业水平得到提升。为此，海底捞创始人张勇设置了一种"利他主义"的利润分享机制。

A级店的店长有资格当师父，师父自己选择徒弟，公司不干涉人选，但对"家族"人数限制为5~12人，并且教练组会设置资格考试对徒弟进行认证，合格者成为储备店长。

师父的工资分为基本工资和浮动工资，浮动工资属于利润分享的范畴，店长可以选择以下两种方案的较高者：一是自身餐厅利润的2.8%；二是按照如下公式计算，自身餐厅利润的0.4%+徒弟餐厅利润的3.1%+徒孙餐厅利润的1.5%。

公司拿出利润的5%作为激励店长层级的总体奖金池。师父得到自己门店利润的0.4%（按一个月盈利100万元的成熟店计算，店长在这方面的浮动月收入只有4000元）。虽然这部分浮动工资的激励额度不大，但设置这部分激励对公司而言意义非常重大——虽然公司不考核店长财务指标，但店长至少有义务保证自己门店财务运营健康。

在激励师父的"教练行为"（带徒弟）方面，徒弟店利润的3.1%自动计入师父的浮动工资。徒弟如果再带徒弟，徒孙店利润的3.1%自动计入自己师父的浮动工资，1.5%自动计入自己师爷的浮动工资。这样，师父从自已的徒子徒孙所在的门店所得的浮动工资有可能远远大于自己的基本工资。在海底捞，几百万年薪的店长已有几十名，堪比中国上市公司高管。

"利他主义"的激励机制鼓励老店长培养徒弟，截至2019年年底，海底捞自营门店已有768家，新店的开店速度令人叹为观止。海底捞把拓店的权力完全交给了门店，庞大的拓展部消失了，拓展部腐败的风险也降到最低，总部仅仅保留一个小的拓展团队用于协调特殊情况，实施体现公司战略的某些拓店举措。

总部安排了神秘顾客考核顾客满意和员工努力两个指标，只要门店达到A级店就有资格提出开新店的要求，新店店长由老店长任命，总部一般都会支持。

但这个时候，海底捞开新店的速度还是不如店长培养的速度快。

而自从有了从徒子徒孙店提取利润的机制，老店长（师父）的积极性大增。不仅对徒弟倾囊相授，还愿意凭经验帮徒弟找到好的开店位置，开店以后帮助徒弟店提升评级（脱C）和培训服务员。徒弟店的评级不影响师父店的评级，但只有徒弟店也达到A级，才有资格发展徒孙，让徒弟自己提高个人收入（3.1%的徒孙店盈利），再让师父进一步提高个人收入（1.5%的徒孙店盈利）。

徒弟店的盈利对师父的个人收入影响最大，对徒弟自己的影响较小。公司不考核门店盈利指标，但是徒弟却必须保证自己店的盈利达到健康水平，否则难以留住员工，更何谈顾客满意、员工努力呢？如果业绩不理想，员工往往会自动在海底捞门店之间申请流动。

店长家族抱团经营，采取协商机制，从而对公司总部职能部门的支持需求大幅度减少。

张勇完全不担心裙带关系问题，因为明确的师徒利益机制让老店长绝对不可能随便找个人去填补新店长的位置，徒弟店是老店长主要收入来源，选错人会直接影响到自己的切身利益。

杨丽娟、袁华强就是在这种师徒制度下，从服务员升到店长再到区域经理最后成为公司的核心骨干的。他们不仅是海底捞的核心高管，更是海底捞名副其实的事业合伙人，因为他们是海底捞公司文化的践行者。同时他们通过出资成为股东，与公司共担经营风险，成为真正意义上的公司的主人，共享了海底捞在资本市场上的巨大收益。

### 案例5-5　喜家德358合伙人机制

喜家德虾仁水饺从2002年在鹤岗创立以来，在全国拥有超过500家连锁店，遍布40多个城市。喜家德虾仁水饺秉承一生做好一件事的理念，默默专注水饺22年，致力于为顾客提供放心美味，以好吃、干净、原创一字型长条水饺闻名大众，招牌水饺虾三鲜经久不衰，现在是东北水饺的代表。

喜家德之所以成功，首先源于其明确的战略定位，其次是喜家德的事业合伙人机制。

"现包的水饺才好吃"的广告宣传口号，让它和冷冻水饺实现了差异化区隔。在经营战略选择上，喜家德只提供五种馅，聚焦低成本扩张战略。

在事业合伙机制方面，喜家德采用"358"合伙人机制。

3就是3%，即所有店长考核成绩排名靠前的，可以获得干股（身股）收益，这部分不用投资，是完完全全的分红。

3%的分红分配机制背后，是喜家德完善的考核机制和管理体系。如果没有有效的运营机制，很难做到公平、公正。这个3%除了考核外，还有对应的评价标准、明确的店长岗位、公开的排名考核机制。同时，这也是一个动态的激励，这个排名是全国排，还是全省排，还是按区域？又或者是按季度、年度？都是要衡量的关键点，是激励分配的变量。干股（身股）的方式也表明了，店长不用出资只享受分红。结合上面的分析，不难看出，这3%的变量，只有符合考核条件，才有机会享受不用出资的分红。

5就是5%，如果店长培养出新店长，并符合考评标准，就有机会接新店，成为小区经理，可以在新店投资入股5%。

这个5%背后所体现的是店长的培养体系，包括培养方式、师徒制、培养周期、店长工作的标准化流程化等。如何验证培养新店长的成效呢？这就需要打造一套体系和文化。什么样的条件才是符合标准的？这些标准又是什么？这些明确的规则必须是前提，如果没有这些前提，5%就是空话，重要的是可能会激励了一批人，激怒了一批人。还有就是培养新店长，培养几个是标准？周期又是多长？总部会给店里提供什么支持手段？如何成为小区经理？这些问题都是5%获取的前提，如果不能确定或者定好规则，这又是个虚的。

8就是8%，如果一名店长培养出了五名店长，成为区域经理，并符合考评标准，再开新店，可以在新店投资入股8%。

其实8%是在上面5%的基础上提炼出来的，也体现出马太效应，做得越好的人，越能获得更高的奖励。

最后还有个20，就是20%，如果店长成为片区经理，可以独立负责选址经营，此时就可以获得新店投资入股20%的权利。这种方式极大地调动了店长培养人才的积极性。并且，店长与新店长之间利益相关，沟通成本极低。

内部的人才输出是支撑企业持续发展的关键。正是因为喜家德建立了这种以培养人为主要标准的机制，避免了很多连锁企业扩张时没有足够人才的问题。同时，店长与新店长之间利益相关，也规避了"带出徒弟，饿死师傅"的情况，让店长更愿意把自己的经验技能教给新人，愿意培养更多新店长。

### 案例5-6　西贝的创业分部+赛场制

贾国龙说："如果老板学不了任正非的舍得分钱，企业学华为就是白学了。"通过独创的合伙人机制把利润分给奋斗者，或许就是西贝成功的秘诀。

近年来，西贝的发展可谓是气势如虹，非常迅猛。这家创办于1999年的西北菜馆，截至2019年，一共在59个城市拥有360多家直营店，员工23000名，销售额达到了50多亿元。

西贝的名称，来源于创始人贾国龙的姓，把"贾"字拆开来，就是"西贝"。贾国龙出生于内蒙古，从小就是一个爱折腾的人。大学没毕业就退学，然后在老家开了家小餐馆。1996年，在自己29岁的时候，就赚到了自己人生的第一个100万元。

然而，贾国龙并不安于现状，先后跑到北京学厨艺，再辗转到深圳开海鲜餐馆,但最终都铩羽而归。

1999年,贾国龙依然不死心,又跑到北京承包了北京金翠宫海鲜大酒楼。然而四个月下来,就赔了100多万。最终他吸取教训开始转型,不再卖海鲜,改为专卖蒙古菜,这就是西贝莜面村的起点。

餐饮行业的门槛很低,但做强做大却很难。西贝这几年的迅猛发展让人刮目相看,特别是2015年开始了西贝莜面村独创的合伙人计划(即"创业分部+赛场制")后,门店和业绩都实现了快速增长,成为中国餐饮业里面除了海底捞之外的另一面旗帜。

**把利润分给奋斗者**

贾国龙的企业经营理念深受华为任正非的影响。两年前,贾国龙曾和高管们探讨一个问题:西贝作为餐饮企业,到底人对企业发展的贡献更大,还是资本更大?结论是,人的作用更大。

所以,西贝要玩奋斗者的游戏,而不是资本的游戏。这也暗合了华为的基本理念,《华为基本法》第九条就强调,人力资本的增值要优先于财务资本的增值。

餐饮是个辛苦行业,基层员工往往都是草根,文化程度不高,凭体力挣钱,一般待遇也不高。贾国龙希望能有所调整,给基层的人多一些利益。但利益不是直接给,而是希望能够筛选出优秀的人,让优秀的人收入更高。他希望通过这种模式让员工认识到,干辛苦行业,一样可以有好收入。

在西贝,每开一家新店,总部占股60%,团队自己投40%,利润也是六四开。西贝总部给了他们最大限度的股权下放,他们只需要向总部上缴60%的利润,余下的40%由管理团队自行分配。

贾国龙将西贝的组织模式总结为:共创共享,也就是团队共同创造价值,然后再把价值按着评价的结果分配出去。

善于分钱,才能赚更多的钱。除了让员工共享开店带来的收益,贾国龙还主动带头把自己的钱分出去。

贾国龙认为,公司的老板和高管是企业里的"食利者",他们一次入股永远分红,靠投资就可以坐享其成。而其中,老板是公司最大的"食利者",所以要带头分钱。"虽然我付出很多,但我得到的回报和付出真的匹配吗?

我觉醒了，就要带头把钱分出去。"

因此，作为总部绝对大股东的贾国龙夫妇在西贝公开承诺带头分利，每年拿出自己50%以上的分红发奖金。

2018年1月西贝年会，贾国龙现场发出7000万元"喜悦奖"。贾国龙还给分部老板、总部高管立下一条规矩，年收入超出1000万元的部分，拿出50%激励自己团队里各级奋斗者。

贾国龙不怕高管"造反"吗？"西贝对这些分部老大、高管的各种激励足够，只有把他们的收入欲望节制住，不产生新的食利阶层，激励一线奋斗者，才能保证西贝长盛不衰。这个游戏越往后越厉害。"

贾国龙还提到，组织的竞争力是靠多个维度的因素保障的，分利只是其中一点。

当然"利"的刺激是有限的，而且容易疲乏，以高级管理人员的收入水平来说，"利"不足以激励他，他们还在追求做事的价值和贡献，希望一份事业能够体现个人理想和价值。

**独创的合伙人机制：创业分部+赛场制**

2015年，为了激励门店员工，西贝莜面村独创了一套"创业分部+赛场制"的机制，也就是西贝的"合伙人计划"。

餐饮行业的扩张，往往是以地域作为依据，将部门划分为不同的经营单位。然而西贝却另辟蹊径，它的15个创业分部，都是以每个分部的总经理为核心创建，甚至名称也以他们的名字命名。

创业分部的另一个独特之处在于，它不仅打破了传统企业按照地域划分的方法，还在同一区域让多个创业分部同时开店，引入竞争机制。

举例来说，A老总在上海负责一个创业分部，只要符合条件，B老总也可以申请一个创业分部到上海去开拓市场，从而形成了与A的竞争。但总部会协调A和B门店选址，以确保A和B之间是良性竞争，而非门对门的"骨肉相残"。这就是西贝内部的"赛场制"，据说这是体育赛场的"裁判员制度"带来的灵感。赛场制，顾名思义，员工之间要有竞赛，贾国龙希望通过各种比赛形成"比学赶帮超"的氛围，从而把奖金分下去。

"西贝的价值观里边有一个'不争第一，我们干什么'，这其实就是一种竞赛文化。我要往下分，分给谁呢？比如三个人比赛，我就分给第一名，那第二名第三名也得想方设法做得更好，我觉得这个其实才是关键，就是不能平均分配，如果平均分配了，就成了大锅饭。"贾国龙在一次采访中说到。

从2015年开始，西贝让15个创业分部以及下属的各个管理团队相互竞争。在西贝的扩张规则里，为了避免恶性竞争，除去了规模限制。如果两个管理团队看中了同一个城市，完全可以共同进驻，各凭本事。

创业分部负责在前线打仗，而总部则负责后台赋能。西贝的系统开发和硬件全部由总部来做，分部带着人直接入驻就好了。而且供应链也是打通的，由采购到中央厨房，再到门店。

**用一张经营牌照实现团队"裂变"**

在西贝，并不是每一个团队都有资格开店。西贝总部会每年给创业分部发放"经营牌照"，通过利润、顾客评价等指标考核进行"全国大排名"。

拿到牌照并非轻而易举。"我们以季度为周期开展比赛，进行排名，分A+、A、B、C四个档次，获得四个A才能换一张牌照，也就是开一家店。如果拿到A越来越多，那这个团队就越来越大，开的店会越来越多。"贾国龙说，"我们最大的团队，去年一个团队的营业额就已经上十个亿了。"

同时，为了降低创业团队的资金压力，西贝总部会承担开店前三个月所有的资金成本，这就让西贝的创业团队避免了资金链断裂的问题，在一开始就胜过了许多独立创业的小团队。

但是，这种"庇护"并不是无限期的。以三个月为限，这些管理团队负责的门店就需要实现盈利，和总部分享利润。

也就是说，每一家新店开业三个月之后，西贝总部就开始进行资金回流。在这种机制运行之下，西贝总部基本上不会面对投资期限过长、无法正常运转的问题。

但是，拿到一张经营牌照，并不代表它就永远属于你。每年西贝都会组织一个考核团队，深入到门店中进行多种标准的考核。考核过后，西贝会将所有的门店进行全国大排名，排在后30%的管理团队，西贝会收回他们的经营牌照以及相应的股份。

西贝总部会收回那些排名靠后团队的经营牌照，并将这些牌照发放给排名前30%的管理团队。

这些标准不仅仅是为了考核门店，它还是一种倒逼机制。

为了达到这些标准，西贝的各个分店必须不断提升门店的品质，才能避免因为落后而被收回牌照。最直观的效果就是让顾客体验逐步提升，如果顾客在买单时评价某个菜不好吃，门店必须免单，损耗的成本由管理团队负担。西贝的考核指标很全面，除了利润因素，还有顾客评价、门店环境、菜单创新等指标。

被收回牌照的团队，并不意味着被辞退。西贝会将这个团队打散，重新分配到其他团队中去，获得新的股权。而且，即使团队处在重新分配的过渡期，西贝也会照常支付工资，让员工省去很多后顾之忧。

这就给了员工试错的机会，上一次的失败可能是因为客观因素造成的，在下一次的重新组队中，依然可以证明自己的个人能力。

西贝的愿景是：全球每一个城市每一条街都开有西贝，随时随地为顾客提供一顿好饭。因为西贝，人生喜悦。"创业分部＋赛场制"执行几年来，新的门店遍地开花，似乎向着他们的梦想又前进了一步。

## 案例5-7　百果园的店长合伙制

百果园（全称深圳百果园实业股份有限公司）2001年成立于深圳，是一家集水果采购、种植支持、采后保鲜、物流仓储、标准分级、营销拓展、品牌运营、门店零售、信息科技、金融资本、科研教育于一体的大型连锁企业。

截至2019年9月，百果园覆盖全国80多个城市，拥有线上线下一体化门店超过4000多家，会员5600多万人，市场份额在水果零售行业中位居第一。

百果园发展可以分为五个阶段：

第一阶段是2001年成立公司到2008年，处于摸索阶段，百果园搞起了加盟模式，连续亏了七年，跌跌撞撞开到了100家店。

第二阶段是从2008年到2015年，回购所有加盟店，改造成全自主的自营店，2015年开到1000家。

第三阶段是从2016年到2018年，获得A轮融资后，由于资本市场的介入开始迅速扩张，门店总数超2800家。

第四阶段是从2018年到2019年，获得15亿元的B轮融资后，重启社会特许加盟，进一步加快扩张速度。

第五阶段2019年4月之后，百果园公布品类合伙人计划，正式发布大生鲜战略。2019年5月继"三无退货"推行十周年之际，百果园在京召开"十年数据说，可信中国人"发布会。

百果园后期快速发展，虽然与资本的助力分不开，但并不是只要有资金，就可以把一家家门店快速开起来的，百果园在连锁经营及事业合伙模式上的创新不可忽视。百果园早期也采用过加盟模式，加盟商越来越多之后，维护成本高，加盟费少，供应链不稳定，造成连续亏损七年的惨痛经历。

百果园在原来加盟模式的基础上，经过系统总结，选用了"类直营"经营模式，即让店长成为投资主体，实际相当于店长合伙人制度。

一是门店股权结构。

一般门店共有三个投资方：公司片区管理者、大区加盟商和店长，门店股权结构和分工如下表。

表5-2　门店股权结构及分工

| 单个门店参与方 | 单店资金投入 | 承担工作 |
| --- | --- | --- |
| 大区加盟商 | 3% | 负责门店选址，担任门店法人 |
| 片区管理者 | 17% | 负责片区门店管理 |
| 店长 | 80% | 负责门店经营 |

对于门店的利润，百果园收取30%，其余70%按门店股权结构分配。

二是店长培养计划。

百果园要求每家门店一年要为公司输出一名新店长（合伙人）人选。一般而言，成为店长的培训周期为八个月到一年，公司会根据实际情况看门店培养出的新店长是否符合要求，进而决定其能否投资管理新店铺。

三是补贴门店亏损。

百果园店长合伙人制最有吸引力的一点是，门店若出现亏损，由百果园承担。具体政策如下：

百果园不收特许加盟费，收益来自门店每年利润的30%分成；

不依靠商品差价赚取收益，百果园从门店获得的利润分成占百果园总利润的80%左右；

设立分红基数，基础利润根据门店运营情况一年一评定；

加盟店若出现亏损，亏损额由百果园承担，三年后若还亏损，则评估是否需要闭店。

四是门店股权退出机制。

百果园店长股权是动态变化的，既可进，也可以退。根据门店的经营价值，店长股权退出时，其早期投入资金按原数返还，同时可一次性获得门店分红收益的三倍补偿。比如，店长从一家门店获得的年分红收益是10万元，要让他放弃这家门店的股份，去开拓新市场，百果园一次性补偿给他30万元，相当于这家门店未来三年的收益，同时店长早期投入的资金原数返还。

## 二、事业合伙机制设计规则

上面我们列举的四个优秀连锁门店企业案例，想必大部分读者或多或少都听说过。从案例中我们能获得哪些启示呢？下面我们就通过对这四个案例的分析来解读一下事业合伙机制的设计规则。

### （一）进入机制

事业合伙首先要考虑的就是确定事业合伙的目的以及事业合伙的层级结构，之后才能明确成为事业合伙人应该具备的资格和条件。

#### 1.事业合伙的目的

发展事业合伙人的目的是让创始团队或者职业经理人团队掌握公司经

营权，传承公司文化，还是想实现公司的战略发展目标呢？比如阿里巴巴和万科在公司层面的事业伙人制度就属于前者；而喜家德、百果园、西贝等连锁门店企业发展事业合伙人的核心就是，要通过店面扩张来实现公司业绩增长的战略发展目标。

作为一家公司，只有先明确事业合伙目的，才能确定事业合伙人的层级，以及事业合伙人进入的条件和资格。

**2. 多层级事业合伙**

每个公司不同的战略目标对应不同的事业合伙人层级。

门店连锁企业的组织结构通常可以分成公司总部、地区总部或区域管理部、分店三个层级，每个层级的人才都可以成为公司的事业合伙人。

比如，在上面介绍的四个门店连锁事业合伙案例中，海底捞只在公司层面发展核心事业合伙人，而在门店层面，店长通过师徒制分享店面利润的一部分分红权，而不是事业合伙人机制。

喜家德358模式的5%这个阶段，是在店面层面上实行事业合伙机制。

喜家德的区域经理、西贝的15个分部"老板"和百果园的片区管理者都相当于我们说的地区总部层级，他们一起与分店的店长共同出资，在店面层次进行事业合伙。

喜家德、西贝、百果园和海底捞在总公司层面上也会发展自己的公司事业合伙人，所以就有两个层级的事业合伙人，即公司事业合伙人和门店事业合伙人。

为什么海底捞在店面采用的是师徒制利益分享，而其他三个连锁企业都在店面搞了事业合伙人制？这完全取决于公司战略，但背后的原理都是一样的，即越往基层越侧重短期利益激励，越往高层越要和公司的长远利益结合起来。比如，对门店店长可以采用不用出钱的存量或者增量的利润分享，也可以实行我们下一章要介绍的经营合伙模式；对于进入区域管理部的管理层，通常要实行店面事业合伙人模式；对于在总公司核心人才，要采用公司层面的事业合伙人模式。

多层级合伙人制度能让责权利更对等，它不同于股权激励，其最大好处就是避免了食利阶层分享不该分享的利益。

我们虽然列举的是连锁门店的案例，但多层级事业合伙的思维适合所有类型的企业。比如，你是大型集团公司，有多个板块业务，在集团总公司层面就要发展核心事业合伙人。这类人才，一方面要既有全局视野又有自己的专业特长，能独当一面，是能让公司更有发展前途的核心骨干人才；另一方面能真正认同并传承公司的文化理念。这方面比较典型的就是阿里巴巴、复星的事业合伙人制度。

对于一些上市公司，为了能让自己获得持续的增长，可以通过资本与事业合伙制相结合的方法，让人才发挥最大潜力，从而让企业获得更多的增值收益。

### 案例5-8 爱尔眼科的事业合伙人制度

爱尔眼科是中国规模最大的眼科医疗连锁机构之一，也是中国首家IPO上市的医疗机构。他们于2014年在医疗行业首创推出"合伙人计划"，最大限度地激发核心骨干的创造力和能动性。

爱尔眼科的连锁医院，主要采取下列股权架构模式：

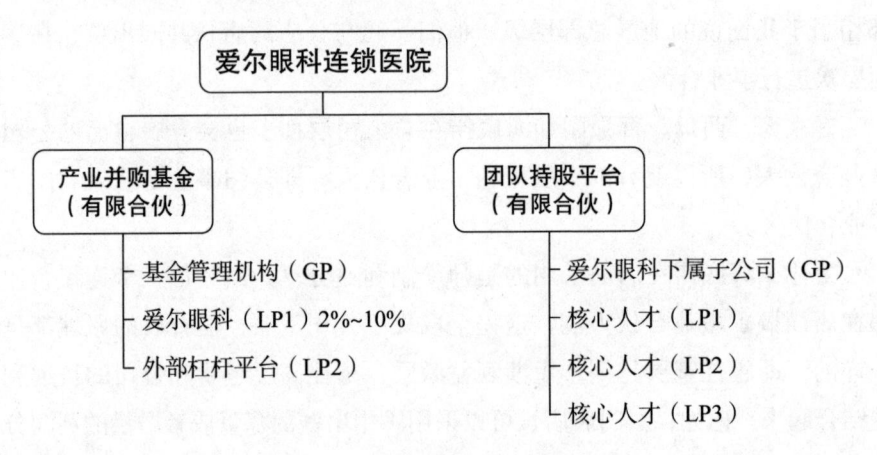

```
                爱尔眼科连锁医院
                    │
        ┌───────────┴───────────┐
   产业并购基金              团队持股平台
   （有限合伙）              （有限合伙）
        │                        │
   ─ 基金管理机构（GP）      ─ 爱尔眼科下属子公司（GP）
   ─ 爱尔眼科（LP1）2%~10%   ─ 核心人才（LP1）
   ─ 外部杠杆平台（LP2）     ─ 核心人才（LP2）
                            ─ 核心人才（LP3）
```

图5-1 爱尔眼科股权架构模式

爱尔眼科股权结构分析：

一是内部创业平台。

2014年9月，爱尔眼科发布"合伙人计划"，即公司与核心技术与管理人才设立合伙企业，合伙企业参与投资设立爱尔眼科连锁医院。爱尔眼科的下属子公司作为合伙企业的普通合伙人（GP），核心人才为合伙企业的有限合伙人（LP）。爱尔眼科的合伙人计划对内是团队的创业创新平台，对外又是筑巢引凤平台，可以吸引外部优秀人才的加入。

构建三级连锁的三级事业合伙人架构，连锁医院分省级医院、地市级医院、县级医院三级。同时，合伙人也分为三级，省级医院及总部合伙人、地市级医院合伙人、县级医院合伙人。

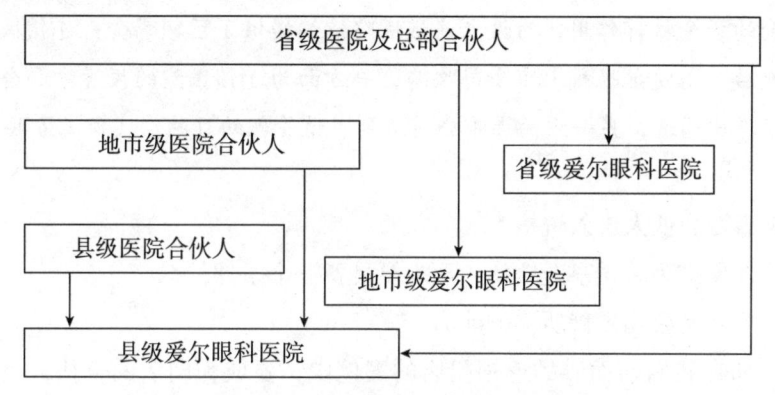

图5-2 爱尔眼科三级事业合伙人架构

合伙人选择标准：

对新医院发展具有较大支持作用的上级医院核心人才；

新医院（含地市级医院、县级医院、门诊部、视光中心）的核心人才；

公司认为有必要纳入计划及未来拟引进的重要人才；

公司总部、大区、省区的核心人才。

二是资金杠杆。

不同于普通的门店连锁，连锁医院投资资金大，投资回报周期长。自2014年以来，爱尔眼科共参与投资了多支爱尔产业并购基金。基金由专业机构来打理，基金主要投向新设的爱尔眼科连锁医院。爱尔眼科通过产业并购基金的形式，用少量的自有资金就可以撬动被放大近30倍的资金规模，大大加快了医院连锁的扩张速度。

三是投资退出通道。

连锁医院在上市公司体系外设立，经3~5年的培育，医院稳定盈利后，利用爱尔眼科上市公司融资平台，上市公司通过"现金+股票"方式，收购这些连锁医院。基金投资人及合伙人实现部分套现，部分换得爱尔眼科股票。

四是市值管理。

上市公司通过收购优质的连锁医院注入上市公司，进一步增强上市公司盈利能力，有利于上市公司的市值管理。

爱尔眼科通过连锁医院合伙人计划，搭建了内部创业平台；利用并购产业基金的资金杠杆作用，为设立连锁医院持续提供了巨额资金；连锁医院培育成熟后，由爱尔眼科上市公司收购，一方面为连锁医院的投资方和合伙人提供了退出通道，另一方面上市公司达到市值管理的目的，实现三方共赢。

### 3.事业合伙人进入资格

人才要成为公司事业合伙人至少要具备三个条件：

一要具备公司发展所需的能力。

比如在我们前面讲的连锁门店的案例中，要成为门店的合伙人就要成为门店店长，之后还要考核利润收入、发展新店长等结果指标，或者客户满意度、员工满意度等过程驱动指标。成为总公司的事业合伙人就要成为总公司的核心人才，这要求公司有明确的员工晋升通道。

拿海底捞为例，我们看看员工的晋升通道。

管理路径：新员工、合格员工、一级员工、先进员工、标兵员工、大堂经理、店经理、区域经理、大区总经理、副总经理。

技术路径：新员工、合格员工、一级员工、先进员工、标兵员工、劳模员工、功勋员工；

后勤路径：新员工、合格员工、一级员工、先进员工、文员（包括出纳、会计、采购、物流、技术部、开发部）、业务经理。

当然，你的公司组织架构可能很扁平或者也不必按职位作为衡量人才好坏的唯一标准，但无论如何，你都要有明确的选择合伙人的衡量标准。其核心是根据公司战略目标需要，筛选出能为公司做出价值贡献的人才。

比如爱尔眼科的合伙人计划，就明确了下面四类人可以拥有合伙人资格：一是对新医院发展具有较大支持作用的上级医院核心人才；二是新医院（含地市级医院、县级医院、门诊部、视光中心）的核心人才；三是公司认为有必要纳入计划及未来拟引进的重要人才；四是公司总部、大区、省区的核心人才。

二要认同公司的经营理念。

要成为事业合伙人人才必须要与公司的经营理念高度契合才行，这一点我们已经介绍很多了，这里不再赘述。

三要拥有公司的实股股权。

人才要成为公司的事业合伙人的必要条件就是要拥有公司的"实股"股权。但具体采用期权、期股、限制性股权等哪种模式，则要根据公司发展合伙人的目的，以及公司所处行业、发展阶段、公司经营状况、人才出资是否存在困难等具体情况进行选择（关于合伙模式的选择，大家可以参照第三章股权模式分类介绍的内容）。

在此简要介绍一下公司授予目标事业合伙人股权时常见的问题。

第一，出资来源与方式。

要成为事业合伙人，关键一点就是要共担风险，这样才能称为真正意义的合伙人。我们可以想象一下，我们拿着别人的钱为别人办事和拿着自己的钱为自己办事，哪个会更用心。有句话说得好，"不会有人清洗一辆租来的车"。所以，事业合伙就是让员工从拿老板的钱给老板做事，变成拿自己的钱为自己做事，从"让我干"转变为"我要干"。

那问题来了，员工认同公司的发展，也愿意出钱但就是没有那么多钱，怎么办？这就是出资来源问题。

第一种方式是让员工先获得分红权等"虚股"的短期收益之后再购买实股。

在我们上面的案例中，海底捞师徒制会让优秀的人才赚很多钱，如果有一天成为公司核心高管应该也会出得起投资入股的钱。比如杨丽娟和袁华强他们不仅拥有海底捞总公司的股权，而且还投资了几十家和海底捞关联的公司。

喜家德是先成为店长后，对排名靠前的优秀店长给予3%的干股分红，让员工先赚到钱，之后培养店长开新店再投资入股。

如果说喜家德干股分红是存量利润分享，那我们还可以通过增量利润分享来让员工先赚到钱。比如原来一个店利润100万元，如果通过大家努力做到120万元，那这20万元就是增加出来的利润，公司可以按一定比例分享给员工。

第二种方式是通过期股、限制性股权等模式设计来让员工持有股份。

比如公司授予员工5%的股权，需要出资50万元，员工没钱出资，为留住人才，公司允许五年内完成出资即可。在员工还没有完全出资之前，员工没有股权的所有权，但在这五年内员工可以享有分红权。员工用这部分分红可以抵扣出资款。假设员工五年内分红只有40万元，那他想获得5%的股权只有自己再出资10万元，否则他只能获得4%的股权。当然，如果员工工资收入高的话，也可以用一部分工资作为出资款。

第三种方式是股东借款、员工自筹资金等。

第二，股权来源、数量及定价。

股份来源对于非上市公司来说，一般就是两种方式，定向增资扩股和大股东股权转让。在高度重视人力资本价值的今天，一般情况下公司在成立之初的创始合伙阶段，都会预留一部分期权池以便在未来发展事业合伙人。上市公司往往会通过二级市场购买股票来获得股份。

公司应该给予合伙人多少数量的股权，与事业合伙人所在层级以及企业战略发展目标有很大关系。比如百果园在店面层次的事业合伙人计划，店长拥有店面80%的股权，而百果园总部没有店面股权，只拿30%的利润；在喜家德，店长、小区经理、大区经理因职位不同，对应的股权数量也不同；而在西贝，合伙人团队占40%，公司总部占60%。这些都是店面层级的事业合伙人。在这些连锁企业中，总部的事业合伙人可获得多少股权，要根据股东意愿、合伙人意愿及贡献、控制权、公司战略目标因素等综合考虑来确定。

事业合伙人购买公司股权，价格应该如何确定？

首先是评估公司价值，之后确定是溢价、平价还是折价。

对于非上市公司，常见的价格依据指标有：公司财务报表净资产产值、公司上年度经审计净资产值、公司最近一期经评估净资产值、公司最近一次对外融资估值、与市场中同类企业估值比较、根据公司年利润倍数来确定公司价值。

比如像喜家德、西贝等店面连锁企业，就可以根据店面平均年利润的倍数来确定投资主体的价值。

公司有了价值评估标准，之后就是根据这个估值再乘以一个系数来确定最终购买价格。这个系数如何确定要考虑如下因素：股权提供者（通常是公司大股东）的意愿、股东对企业未来的预期、人才对企业未来的预期、人才对价格的敏感度。

第三，股份持有方式。

关于股权持有方式，通常包括事业合伙人直接持有、核心创始合伙人代持、有限合伙或者有限责任公司持股平台间接持股。究竟采用哪种方式，主要要考虑公司控制权、税务筹划、便利性等因素来确定。

比如爱尔眼科事业合伙人的案例中，员工的持股就采用有限合伙持股平台的持股方式。

## （二）分配机制

能否明确合伙人之间的责权利是决定事业合伙成败的关键。

### 1. 工作职责

我们说合伙要共创、共担、共享，其中共创就是明确如何协同一体化共同创造价值，明确每个合伙人应该履行的工作职责。比如百果园、喜家德等连锁门店事业合伙人（店长）的职责就是店长的岗位职责，比如对店长要考核客户满意度、业绩等指标。但除了履行店长职责外，还有一个重要的职责是培养出新店长。公司则为事业合伙人提供统一的商品供应体系、培训、运营指导等支持。

具体工作职责如何制定，要根据公司战略目标、经营模式定位等来确定。然后，把事业合伙人的职责量化成具体指标。这些指标通常包括财务类指标，如净利润、销售额、经济增加值、净资产收益率、总资产报酬率、资本回报率以及每股净收益、净收益率等；非财务指标，如市场占有率、客户满意度、人力资本准备度和关键员工流失率等。

**2. 权利规则**

企业让事业合伙人承担什么样的责任，就要赋予其相应的权利。权利主要包括分配权、人事权、决策权三种。那么，具体授予多少权限呢？这要根据具体情况而定，这三种权利可先授予决策权，根据合伙人的责任边界，锁定一定范围的人事权和分配权。比如对于一个营销型的事业合伙人，公司要求事业合伙人增加100万元收入，通常就需要10%的营销费用支出，那么公司授予的10万元营销费用额度，就应该由合伙人自主决策安排使用。公司只要做好奖惩制度就可以了，也就是责权利要对等。

**3. 分钱规则**

员工之所以出钱出力愿意与公司合伙，一条核心原因就是能分到更多的钱。那如何分钱能让员工满意，又能实现公司目标呢？在第二章的内容里我们介绍了两条合伙人分钱原则：一是按照股权占比来分钱；二是根据合伙人的贡献，实施动态分钱。

按照股权占比分钱很容易理解，难点是如何按照贡献实施动态分钱。比如在西贝的案例中，作为事业合伙人的员工可以分享店面利润的40%，我们调整一下分钱模式，比如店面年利润100万元以内按照股权比例分配，店面年利润在100万元至150万元时事业合伙人可以分享超额部分的50%；店面年利润150万元以上时，事业合伙人可以分享超额利润的60%，那一年下来如果店面利润为220万元的话，则事业合伙人可以分到107万元（100×40%+50×50%+70×60%）。

这个分钱思路结合了股权、超额利润分享及按合伙人贡献的动态分钱三种模式，这是对公司和合伙人都有好处的分配方式。

除了约定合伙人分钱模式外，还要约定好按月分多少比例、按年分多少比例以及具体分配时间，公司每年要预留多少利润作为公司发展基金等分钱细则。

**4. 财务规则**

财务规则的核心是要对合伙人做到财务透明、公开，同时在财务上也要严格遵守已经约定好的分钱制度。再好的制度设计都需要落在实处，这样才能实现公司的发展目标，才能让优秀人才留下来。

### （三）退出机制

任何合伙都不可能一直持续下去，总会因为某种原因而最终走向散伙。

所以，合伙一定要做退出机制设计，而且尽可能考虑到有可能发生的各种情形，并提前约定好退出方案。如合伙人中途无故退出怎么办，因品行或绩效不合格等如何退出，因疾病、死亡等不可抗力因素如何退出等。

当然，正常退出更是需要提前规划好的，比如在上面的案例中，爱尔眼科在医院稳定盈利后，通过资本溢价回购合伙人股权的方式实现人才的退出。百果园以利润三倍补偿和原价退还合伙人投资款的方式，实现店长合伙人的退出。

## 三、事业合伙协议制度条款

事业合伙人计划不仅是公司重要的管理机制、发展机制以及动力机制安排，更是公司与人才从雇佣走向合伙的契约机制。这些机制要落地执行必须要形成一份对双方都有利益保障的完整的制度协议才行。

### （一）事业合伙协议案例

那如何制定合伙协议，应该涉及哪些条款呢？下面我们看看爱尔眼科的事业合伙计划是如何制定的？

**案例5-9　爱尔眼科医院集团股份有限公司合伙人计划**

第一条　合伙人计划简介

"合伙人计划"是指符合一定资格的核心技术人才与核心管理人才（以下简称"核心人才"），作为合伙人股东与爱尔眼科医院集团股份有限公司（以下简称"爱尔眼科"或"公司"）共同投资设立新医院（含新设、并购及扩建）。在新医院达到一定盈利水平后，公司依照相关证券法律、法规，通过发行股份、支付现金或两者结合等方式，以公允价格收购合伙人持有的医院股权。

公司通过合伙人计划的制度性安排，对新医院的治理结构进行战略性调整，改变核心医生执业的生态环境，推动组织效能升级，实现院际间资源共享的聚合效应，形成共创共赢的合伙人文化，从而为公司实施创新发展战略和业务倍增计划提供强有力的引擎。

第二条 合伙人计划的背景

2013年10月，《国务院关于促进健康服务业发展的若干意见》出台，明确了到2020年健康服务业总规模达到8万亿以上的发展目标。2014年1月，国家卫计委发布《关于加快发展社会办医的若干意见》，十八届三中全会鼓励社会办医的指示精神加快落实，社会办医的生存环境逐步改善，中国医疗行业面临前所未有的发展机遇。从未来发展看，伴随基层首诊、分级诊疗的逐步推行和新型城镇化水平的稳步提高，市场重心将不断下移，医疗机构向地市、县域延伸渠道，进一步贴近基层患者，将成为行业的发展趋势。与此同时，随着医师多点执业的有序推进，优质医疗资源的横向、纵向流动将不断加快。拥有更多执业平台、更好激励措施的医疗机构，将在未来市场竞争中占据主动地位。

爱尔眼科成立11年来，已经在品牌、人才、网络、资本市场等方面形成了先发优势。公司必须抓住这个历史性机遇，进行二次创业，大力提高技术水平和管理效率，不断完善分级连锁模式，加快以地级市为重点的基层网络建设，配套创新人才战略和激励机制，以进一步分享医疗改革红利，在未来五年内连锁网点覆盖大部分省份60%以上的地级城市，从而实现"2020年收入100亿"的发展目标。

第三条 合伙人计划的目的

人才是医疗服务行业持续发展最关键的推动力。本计划以股权为纽带，以长期激励为导向，不仅有效提高现有核心人才的积极性，而且有助于引进大批发展所需的人才，从而占据更多行业核心资源，为公司加快发展提供有力的人才保障，在市场竞争中实现战略制胜。

"合伙人计划"的实质是"公司搭台、骨干唱戏，资源共享、高效激励"。爱尔眼科作为一家生态化的社会企业，既要动态优化管理流程，使日益扩大的全国网络成为医生多点执业的创业平台，更要形成正向积极的企业文化和动力机制，鼓励员工与公司长期共同发展。公司借鉴国际先进经验，结合中国国情和政策趋势，在中国医疗行业首创实施"合伙人计划"，从根本上激发核心骨干的创造力和能动性，使大量新医院尽早盈利、长足发展，推动公司规模与效益同步提高。为确保上述目标顺利实现，根据《中华人民共和国公司法》《中华人民共和国合伙企业法》及相关法律法规，公司结合实际情况，制定实施《爱尔眼科医院集团股份有限公司"合伙人计划"》(以下简称"本计划"或"计划")。

第四条 计划的实施方式

为了对核心人才进行点对点的定向激励，本计划采取有限合伙企业（下称"合伙企业"）的实施方式。公司下属子公司作为合伙企业的普通合伙人，负责合伙企业的投资运作和日常管理。

核心人才作为有限合伙人出资到合伙企业，享有合伙协议及章程规定的权利，履行相应的义务。公司对合伙人进行动态考核，包括其本职岗位的工作业绩及作为合伙人的尽责情况。

合伙企业可分期设立，视各省区新医院投资的进展情况分期设立，具体名称以工商核准的字号为准。合伙企业成立后，与公司或爱尔并购基金共同设立新医院。

第五条 计划的管理组织

为确保计划管理到位、推进有序、激励有效，公司总部设立合伙人计划领导小组，由董事长担任组长，总经理担任副组长，相关高级管理人员与职能部门负责人作为小组成员；其主要职能是：制定计划的实施细则及实施进度，审批、督导各省区的计划方案。

各省区成立计划实施小组，负责拟定并实施本省计划方案，对合伙人履职情况进行动态考核。

第六条 合伙人的资格认定

以下人员可以纳入本计划：

（1）对新医院发展具有较大支持作用的上级医院核心人才；

（2）新医院（含地州市级医院、县级医院、门诊部、视光中心）的核心人才；

（3）公司认为有必要纳入计划及未来拟引进的重要人才。

（4）公司总部、大区、省区的核心人才。

公司授权"合伙人计划"领导小组决定具体名单。

第七条 合伙企业的投资

合伙企业的出资规模依据新医院的数量及投资总额确定。

新医院将由公司或爱尔并购基金与合伙企业共同出资设立，股权比例由公司根据各家新医院的实际情况决定。

第八条 合伙人的出资额度

合伙企业对某新医院的出资规模确定后，按照"风险共担、利益共享、公平合理、重点突出"的指导思想，对各合伙人的出资额度进行分配。合伙人在各自额度内认缴出资。

在设立地级市医院时，省区医院及总部的合伙人按照各地级市新医院的投资进度分期出资，地级市医院的合伙人在各自所在医院设立时一次性出资到位。

在设立县级医院（含门诊部、视光诊所）时，地级市医院的合伙人按照各县级新医院的投资进度分期出资到位，县级市医院合伙人在所在医院注册成立时一次性出资到位。

第九条 合伙企业的期限与收益分配

合伙企业经营期限一般为三至五年。若因项目实际需要，可延长或缩短经营期限。

为了体现公司对合伙企业的支持，普通合伙人对合伙企业不收取管理费。合伙企业在取得收益并扣除各项运营成本、费用后，按照各合伙人的出资比例分配利润。

第十条 合伙人权益转让

1.在合伙企业存续期间，若发生合伙人离职、被辞退或开除等情形，其所持合伙企业权益必须全部转让。

2.合伙人在公司任职期间，有权转让其部分或全部合伙权益。

3.合伙人在出现退休、丧失工作能力或死亡等情形时，其合伙权益可以转让，也可以由亲属继承。

在上述情况下，全体合伙人一致同意：合伙权益的受让人仅限于普通合伙人及其同意的受让人（现任或拟任合伙人）。

第十一条　合伙人具体的权利义务由合伙协议另行约定，但不得与本计划确定的基本原则和精神相违背。

第十二条　本计划由公司股东大会审议通过后生效实施，并授权公司董事会根据实际情况需要修订完善。

爱尔眼科医院集团股份有限公司<br>2014年4月8日

## （二）事业合伙人制度协议要点总结

从爱尔眼科的事业合伙人计划我们可以看出一份相对完整的事业合伙人制度协议应该主要包含哪些内容：

**1. 核心主旨概述**

如爱尔眼科合伙人计划的第一条内容。

**2. 明确公司"事业合伙人计划"的核心目的**

比如爱尔眼科的合伙人计划背景是对外部政策机会和内部积累的能力的判断，提出自己的2020年收入100亿元的战略目标。

而与人才进行事业合伙的核心目的就是要通过与人才利益绑定来实现公司的战略目标。如爱尔眼科合伙人计划第二条、第三条内容。

**3. 确定事业合伙的实施方式**

就是合伙人采用的股权模式与持有方式，以及与其他利益相关者的合作模式。如爱尔眼科合伙人计划的第四条说明了爱尔眼科合伙人的股权通过有限合伙持股平台来持有。

**4. 明确事业合伙人计划的管理组织**

事业合伙人计划涉及股权等公司所有权内容，属于公司重大制度变革，所以必须经公司股东会决议审议通过方可实施，由代表公司的核心领导层组成的组织来制定制度并推动实施。如爱尔眼科合伙人计划的第五条、第十二条内容。

**5.明确公司事业合伙人的进入资格**

包括合伙人的能力标准、出资方式以及出资金额等。如爱尔眼科合伙计划的第六条、第七条、第八条内容。

**6.明确合伙人的责权利分配机制**

如爱尔眼科合伙人计划的第九条、第十一条内容。

**7.明确合伙人的退出机制**

如爱尔眼科合伙人计划的第十条内容。

# 第六章

## 经营合伙

——打造平台型组织，让人人成为小老板

社会变革的终点是人，企业发展的终点也是人。

企业在成熟期把"打工者"变成"经营者"，激发每个个体的创造性和积极性，是经营合伙阶段企业打造赋能型平台组织的过程。这个过程中，员工和企业的定位都在发生深刻变革，组织形态也在发生深刻变革。

那这个阶段的平台型组织应该如何设计？合伙机制该如何设计？

这一章将为大家详细讲解。

## 6.1 经营合伙的定义

在企业初创期，核心发起人和联合创始人少数几个人之间形成创始合伙；到了企业的成长期，企业和一部分公司精英人才要打造事业合伙。本章我们将探讨更适合企业在成熟期把大部分市场一线人才从一切听老板命令的"打工者"变成独立自主的"经营者"的合伙模式——经营合伙。

经营合伙具体是指企业与企业内外部的市场一线人才组成的、以理念互信为前提、以资源互补为基础，为了共同的目标，共同经营、共担风险，共同分享分红权、增值权等虚股收益的合伙模式。

因经营体合伙人之间分享的是"虚股"这一特点，所以它通常更适合能短期产生利润的行业，以及企业能产生利润的发展阶段。

市场一线业务团队既可以在内部产生，也可以直接来自企业外部团队，我们把企业主要与内部人才的经营体合伙模式称为"封闭式经营合伙"，如韩都衣舍之产品小组；把企业主要与外部人才的业务合伙模式称为"开放式经营合伙"，如7-11之便利店。

## 6.2 经营合伙如何合得明白

企业与市场一线业务团队合伙，对于企业来说是想利用人才的创新能力和创业者精神，在复杂多变的经营环境中超越竞争对手，满足客户个性化需求，最终使得自身获得可持续发展；对于市场一线业务团队的人才来说，是想依靠企业这个平台积累的核心资源和能力来实现自主管理，在获得成就感的同时有更多的收入。

知道了经营合伙的目的，我们就不难得出经营合伙要合得明白必须要有与之匹配的合伙人思维以及相适应的组织架构、合作机制。

### 一、经营合伙人必备的思维

我们说经营合伙是企业与市场一线业务团队之间的合伙，本质上是代表企业的老板和企业内外部市场一线人才之间的合伙。对于一个科层制出身的企业老板与员工的合伙来说，在合伙之前，发号施令的老板依然可以把自己当成高高在上的"老板"，员工拿着老板发的旱涝保收的工资，也可以把自己当成一个置身事外的"打工仔"。可是一旦合伙关系建立，老板与员工的"老板"与"打工仔"思维都必须要彻底改变，否则很难建立真正意义上的合伙关系。

#### （一）老板必备的赋能思维

大部分传统企业采用的都是科层制金字塔组织结构，老板处于金字塔塔尖，是绝对的核心领导者，拥有的是超强的管控思维。而合伙组织的核心领导者必须像指挥特种部队却身处后台的将军，在一定范围内放权（确切地说应该是还权，因为在瞬息万变的战场，只有听得见炮声的人才有决策权），让前线作战的特种兵灵活做出决策。核心领导更多的是为前线战士获胜而给予炮火支持的赋能思维。

现在的企业老板要搞经营合伙，必须要从管控思维走向赋能思维，原因有三个：

一是外界竞争环境变得更加复杂和不确定；

二是客户需求变得更加分散和个性化；

三是知识型人才更需要自主管理。

最后再强调一点，如果企业老板与业务团队是满足共创、共担、共享要求的真正意义上的合伙，"员工"肯定不会完全听"老板"的，原因在于真合伙时，合伙人的全部收入都来源于客户付费，这时客户才是真正意义上的"老板"。

### （二）人才必备的创业者思维

从传统企业变合伙组织，员工也必须从"打工仔"思维转变成"创业者"思维。至于什么是创业者思维，在第二章我们介绍过，这里只强调一点，就是创业者比员工需要更多的主人翁意识和承受经营风险的能力，其他不再赘述。

## 二、市场化平台型赋能组织

前面我们简单介绍了经营合伙人应该具备的思维理念，接下来我们谈谈如何才能把合伙理念落地，并实现合伙人目的的组织模式——市场化平台型赋能组织（以下简称平台型组织，如图6-1所示）。

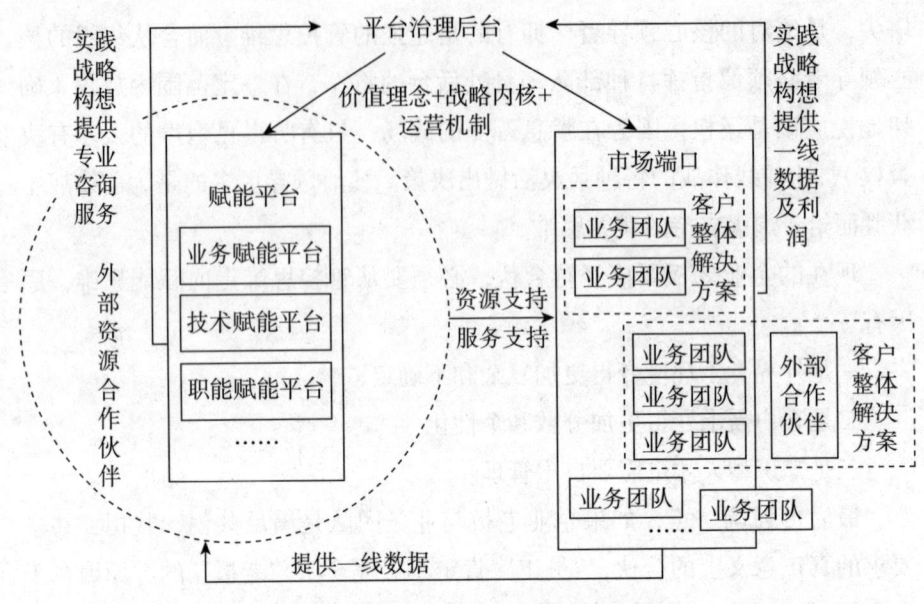

```
                          平台治理后台
实                      ↗         ↖                      实
践                    价值理念+战略内核+                    践
战                        运营机制                        战
构     ┌─────────┐                  ┌─────────┐         构
想     │  赋能平台 │                  │ 市场端口 │         想
提     │ ┌───────┐│                  │┌──────┐│客         提
供     │ │业务赋能││                  ││业务团队││户         供
专     │ │平台   ││                  │└──────┘│整         一
业     │ └───────┘│    资源支持       │┌──────┐│体         线
咨     │ ┌───────┐│    服务支持       ││业务团队││解         数
询     │ │技术赋能││    ─────→        │└──────┘│决         据
服     │ │平台   ││                  │        │方         及
务     │ └───────┘│                  │        │案         利
       │ ┌───────┐│                  │┌──────┐│          润
外     │ │职能赋能││                  ││业务团队││外
部     │ │平台   ││                  │├──────┤│部 客
资     │ └───────┘│                  ││业务团队││合 户
源     │ ......   │                  │├──────┤│作 整
合     │         │                  ││业务团队││伙 体
作     └─────────┘                  │└──────┘│伴 解
伙                                   │        │   决
伴                                   │┌──────┐┌──────┐│   方
                                    ││业务团队││业务团队││   案
                                    │└──────┘└──────┘│
                                    └────────────────┘
  ↑                   提供一线数据
  └──────────────────────────────────────
```

图6-1 市场化平台型赋能组织架构图

平台型组织是企业将自己变成提供资源支持的赋能平台，在明确的价值理念和战略内核前提下，通过开放的市场化机制，赋予市场一线业务团队相当的财务权、人事权和决策权，使其能够通过灵活的项目形式，组织各类资源，形成产品、服务、解决方案，满足用户的各类个性化需求。

这种架构模式能充分利用企业的资源和一线市场人才的能力，解决企业同时兼具规模性和灵活性的两难问题，使企业既能发挥大企业的规模经济，又不失小企业的高度灵活性。

## （一）业务团队

业务团队是面向市场以客户为导向的前端作战小分队，数量不定，可以不断地整合、分拆、更新迭代，是平台型组织最直接的价值创造者。它的主要任务是为客户提供端到端的服务（识别客户需求并满足客户需求），从而为企业创造利润。

那业务团队应该具备什么特点，具体应该如何运作呢？

**1. 要能形成完整的业务闭环**

业务团队必须像特种部队的作战小分队一样，团队成员在使命清晰的前提下，每个成员间要具备不同的关键能力，而且要形成能完成任务的完整业务闭环。

比如一个以营救人质为主要任务的特种兵小分队由三人组成，在这三个人中得有一个非常厉害的通信专家，在各种情况下保持跟指挥中心的联系；第二个是武器和战斗专家，熟悉各种武器；第三个是救生救援专家和指挥员。

如同特种部队作战小分队一样，华为的"铁三角"是以客户需求为中心，由客户经理、产品经理和交付经理组成的业务闭环项目组；韩都衣舍的小组制模式中，产品小组是由设计师（选款师）管产品开发，货品管理专员管库存和采购，页面制作专员管销售，三人构成一个完整的业务闭环。

这样完整闭环的业务团队的优势是规模小，成员彼此之间沟通协调顺畅，在工作中能完全信任且能力互补，所以能展现出极强的灵活性，能迅速识别客户潜在需求并快速给出解决方案。

**2. 责权利要高度统一**

平台型企业的业务团队不同于金字塔组织，不是一个单纯执行者的角色，而是一个以客户为中心的自驱型自主经营体，所以企业必须赋予它在业务边界内的三权（财务权、人事权、决策权），否则他们就不能在瞬息万变的市场环境中打胜仗。另外，给了权利，打了胜仗，还要分享一定的利益。然而权力和利益必须在明确责任的前提下才行，乱放权后果可想而知。

### 案例6-1　韩都衣舍的产品小组是如何做到责权利统一的。

责任：确定销售任务指标（销售额、毛利率、库存周转率）。

权利：(1) 确定款式；(2) 确定尺码以及库存深度；(3) 确定基准销售价格；(4) 确定参加哪些活动；(5) 确定打折节奏和深度。

利益：奖金=销售额×毛利率×提成系数。

**3. 独立核算，自主经营**

独立核算就是指业务团队的收入来自团队自身为客户提供价值所获得

的收入、成本和费用必须以市场化结算的方式，支付给为其提供资源和服务的共享平台，以及其他与其合作的外部合作伙伴，收入减去成本后所得的利润是这个业务团队所创造的价值，最终再根据团队内部的评价标准，核算出每个人的贡献度，其收入与贡献度紧密相关。

自主经营是指每个业务团队都有一个领导者（如韩都衣舍的小组长），他被企业赋予在其业务边界内一定范围的财务权、人事权和决策权，去发展客户拓展经营。他拥有"三权"，可以像一个真正的"小老板"一样经营自己的事业，收入高低完全取决于自己的经营能力。

**4. 遵循优胜劣汰的资源配置原则**

在平台型组织里，资源配置不是搞大锅饭，而是向强者倾斜，主张适者生存，优胜劣汰。

### 案例6-2　韩都衣舍是如何为小组配置资源的？

韩都衣舍按历史数据制定年度目标，再把目标分配到各小组，小组按目标任务获得可用资金额度。

比如公司基于去年的数据，确定今年的增长率是50%，销售目标是10亿元。

A小组去年卖了100万元，就跟A小组谈今年能否做到150万元，A小组如果答应卖150万元，就获得75万元的资金支持，如果答应卖200万元，就获得100万元的资金支持。

如果小组为获得高额资金支持乱报高额度怎么办？

假如A小组报200万元的任务，完成至90%以上可拿奖金，低于90%则无奖金。

在这样的机制下，小组会衡量自己的能力和风险后做抉择，不会乱报高目标。

还有一种情况，小组自己报150万元，公司经分析后给小组确定200万元的目标，公司多加的50万元，不管完成与否均不影响奖金计算，如完成这50万元则可多拿资金。

也就是说，公司强制分配的任务没有风险只有可能的收益，小组也就愿意接受。

通过这种资源配置机制，强者会越来越强，弱者会越来越弱，再加之韩都衣舍允许小组之间的成员自由组合，所以最终弱势小组会自动被淘汰或与其他小组完成重新组合，成为新的小组。

**5.需要资源支持**

业务团队不是独立存在的经营单位，它需源源不断地从平台获取各方面的资源支持，并与其他的内外部业务合作伙伴建立战略联盟，致力于为客户提供一整套的解决方案。

## （二）赋能平台

很难想象一支特种部队只靠前端作战小分队，而没有后方总部的情报或火力支持能独立作战。同样，作为平台型组织，前端业务团队不能仅靠自身的能力就能取胜，还必须依靠企业所提供的独特资源能力，才能满足所服务客户的需求。所以，企业必须把自己积累的资源能力打造成一个能随时被前端业务团队所调用的资源池——即赋能平台。

在平台型组织的实践过程中，企业往往把前端业务团队所需要的共性资源、信息和能力以模块化、集成化的方式打造成为赋能平台。打个通俗的比方：糖醋排骨、鱼香肉丝、松鼠桂鱼这几道菜都需要糖、醋、生抽、老抽、淀粉等调料做成的糖醋汁，厨师可以提前调制好糖醋汁，在做某道菜时直接加进去就可以。这个糖醋汁就是我们所讲的共性资源，厨师调制糖醋汁的技术可以说是共性能力。

通过把每种业务中可以重复使用的共性资源能力提炼出来，打造成赋能平台，可以减少资源能力的重复性建设，提高资源的利用率，同时发挥企业的规模化优势。

具体哪些资源能力可以变成能够共享的赋能平台，不同的行业和企业需要根据具体情况而定，但大体上我们可以把赋能平台分成以下三大类。

**1.业务赋能平台**

这类支持与业务团队的日常业务运营交织在一起，相对于其他类型的赋能平台,界限比较模糊,这是因为它与业务团队的关注点都是业务的核心价值链条(包括市场研究、研发、采购、生产、营销、售后服务等)上的相关服务。某一具体职能究竟是在业务赋能中台集成,还是下放给业务团队,取决于该职能能否被多个业务团队共享,以及能否在集成后产生规模优势。

比如韩都衣舍就在IT、供应链、物流、客服四个方面建立起强大的业务赋能平台,为市场前端的300个小组赋能。

再比如华为通过基础研究实验室、供应链、采购和产品制造、华为大学及华为内部服务,搭建起强大的业务赋能平台,为"铁三角"项目组赋能。

**2. 技术赋能平台**

这类技术赋能平台在技术和数据方面为业务团队提供强大的赋能支持。其典型功能包括信息技术存储、计算机基础模块、安全、代码、用户数据、人工智能和开发工具。

### 案例6-3  7-11技术赋能系统

作为零售终端的那些夫妻店,之所以愿意加盟7-11,核心就是7-11通过不断地搜集用户信息,利用AI算法开发出让用户更满意的新产品以及一系列的IT赋能,从而让这些便利店赚到更多的钱。

所有7-11门店结账时使用的结算键盘,都很清楚地按照性别、年龄把客户分成五个类别。每个人购物以后,结账员会将客户进行现场分类,数据直接连接到研发部门。

研发部门每周开一次经营会,经营会上的产品开发设想和实际效果比对结果要在本周内的经营者大会上公布。

当公布的产品实际效果与预计效果不一致时,就说明需要开发新产品。

7-11就是不断参考数据来进行迭代,并且很早就开始执行精准为客户研发产品的理念。

7-11的IT系统不仅可以实现把便利店需要的商品订单准确无误地传送到商品供应系统,然后通过物流部门帮助门店处理好这些订单,为门店提供有效配送,还可以提供融资和经营贷款等金融服务赋能。

**3. 职能赋能平台**

赋能平台所提供的典型功能包括战略、人力资源、财务、品牌、公共关系、投资者关系、政府关系和业务拓展。例如,韩都衣舍的职能赋能平台不仅包括人力、财务、行政等职能,还有与品牌相关的企划、视觉、市场部门。

需要注意的是,传统企业要打造市场化平台型组织进行职能赋能平台构建时,必须要进行升级改造,应该遵循以内部客户(主要为业务团队)为中心的原则,把原有的职能转型升级为三种角色:战略性角色(战略指导中心)、支持性角色(共赢合作伙伴)、服务性角色(共享服务平台)。

比如传统人力资源部门的管理模式是按照招聘、培训、薪酬和福利、绩效、员工关系等职能进行人事事务处理的,而平台型组织应改造升级为人力资源共享服务中心(HRSSC)、人力资源业务合作伙伴(HRBP)、人力资源专家(COE)。

人力资源共享服务中心主要利用语音系统和互联网技术,通过在线知识数据库和人力资源数据库来回答客户的查询,例如政策法规查询、工资福利查询。

人力资源业务合作伙伴是人力资源部门和企业业务部门沟通联系的桥梁。它通过深入业务部门调研,分析具体的问题,为业务部门提供量身定做的人力资源技术上的实际指导。

人力资源专家能根据公司整体的战略目标,为公司制订出整体的人力资源服务策略。

## (三)治理后台

治理后台是企业的权力中心,享有企业战略发展的最高管控权。

**1. 主要职责**

治理后台的主要职责是为企业把握前进方向,设计强大的战略内核,界定企业的业务边界,发展企业所需的核心能力,与外部建立重要的合作伙伴关系，制订组织的运行规则和应该遵循的价值理念。

（1）价值理念

我们所讲的价值理念包括两个方面：

①市场化平台型组织必须要有明确的使命、愿景、价值观。这是因为传统组织执行的是计划型战略，对员工采用管控型管理方式，而市场化平台型组织是以使命驱动，对员工采用价值观认同的自我驱动管理方式。

②市场化平台型组织必须具备自由、平等、开放的价值观。

（2）战略内核

所谓战略内核就是要根据企业的使命，明确企业为之服务的主要客户群体，以及为解决客户问题所适配的商业模式、所需要的核心能力。

治理后台作为企业的最高决策者，必须能清晰识别和定位企业的战略内核。只有这样才能在需求侧拥有庞大的用户流量，在供给侧积累出自己的核心竞争力。只有这样才能吸引内外部市场人才加入共同合伙，最终构建出具有竞争优势的市场化平台型组织。

（3）运营机制设计

前台业务团队、赋能平台、外部合作伙伴之间具体应该如何展开协作，是采取市场化交易结算，还是其他方式合作，这些机制的设计属于企业治理的根本问题，所以必须要由治理后台来组织完成。

**2.治理后台常设部分及运转模式**

（1）平台型治理后台有三大常设部分

一是核心决策层，享有最终决策权，由企业最高领导者和数名高层管理者组成。

二是以职能划分的专门委员会，辅助核心决策层进行战略决策及机制设计，由资本、人力、财务、数据等领域的众多专家组成。

三是常驻利益代表，传达并维护其所代表的赋能平台模块、业务团队以及外部合伙伙伴的利益，参与利益相关者的战略决策委员会会议并发表意见和建议，由各赋能平台模块、业务团队、外部合作伙伴各自从内部挑选1~2名代表组成。

（2）治理后台运转模式

核心决策层通过使命型战略来制订企业的战略以及就外部资源整合、内部业务团队生态营造等关键性问题做出战略抉择，另外还针对其他模块的重大战略变动做出最终取舍决断。除以上两点以外，还会通过"实时数据平台监控+不定期实地考察"的方式对各模块的战略脱轨行为进行纠偏。在上述治理过程中，以职能划分的专门委员会一直从旁提供必要的协助。核心决策层进行战略决策时，会召集相关的专门委员会和常驻利益代表一起参加，必要时会邀请相关模块（或企业外部）的专家参会并提供专业意见。

企业的战略治理大权集中于平台治理后台，但此处的战略后台瞄准的是战略方向和运转机制，而不涉及具体的业务战略。

## （四）外部合作伙伴

几乎所有企业都不能把为客户服务所需要的产业资源能力都扛在自己身上，尤其在当前竞争越来越激烈的市场环境中，企业应该本着"不为我所有，但为我所用"的指导思想，专注于自身优势环节，而把其他弱势环节交给外部合作伙伴来做。

市场化平台型组织更应该围绕自身的战略内核构建核心竞争力，不论是前端业务团队，还是赋能平台，都应该只做自身所擅长的事情，而把其他弱势环节交给外部合作伙伴来完成。

### 案例6-4　7-11依靠核心能力整合外部合作伙伴

7-11作为一家卖关东煮、面包、饭团、三文鱼等快消产品的公司，8000人创造了100亿元净利润，人效达到120万元，这家公司的毛利率居然有90%。实现这些骄人业绩，它居然没有一家工厂、一个物流中心是自建的，就连便利店门店也几乎全是加盟的。

那它是如何做到的呢？

这个业绩的背后是真正的产业共同体，依靠自己的核心资源能力（商品赋能+经营赋能+基础设施赋能），它连接了2万个夫妻店、178个工厂和140个物流中心，每8个小时将2万个夫妻店的订单汇聚起来，形成规模采购能力，及时在就近的工厂开始生产，然后每8个小时交给城市共同配送的物流中心配送到每一个门店。

7-11团结一切可以团结的产业链力量，在这个力量下创造了8个小时全产业链的快速反应能力。以需求驱动的全产业链的快反能力造就了今天7-11巨大的经济体，在这个经济体里面他们创造了2860亿元的规模。

关于采用何种交易方式与外部合作伙伴合作，我们给出的原则是，对于短期和交易频率不高的业务尽可能以市场化结算的方式合作；对于那些交易频率高、资源稀缺且对企业有长期战略意义的重要合作伙伴，企业可以采用利润分成、投资占股、控股等方式进行合作。

### （五）平台型组织内部关系的协调模式

上面我们介绍了平台型组织各个模块的特点及其功能，现在我们再梳理一下业务团队、赋能平台和治理后台之间的协调模式。

**1.治理后台与赋能平台、业务团队共同构成治理闭环**

治理后台与赋能平台、业务团队之间形成的是"决策—管控—反馈—调整"的治理闭环，力求达到以下效果：

治理后台帮助企业找到大体正确的战略方向，并设计大致适用的整体运转机制；

赋能平台和业务团队遵循大致适用的运转机制，朝着大体正确的战略方向前进，但保有足够的具体业务战略决策的自由度，并将实践结果及时反馈给治理后台，来帮助其逐步调整总的战略构想。

治理闭环的形成，使得平台治理后台的权威是可被挑战的，并且赋能平台和业务团队不再是提线木偶。虽然平台治理后台一旦确定大体的战略方向，设计出大致适用的运转机制之后，就会对赋能平台和业务团队的具体战略决策和执行产生一定程度的管控力，但是赋能平台和业务团队的处境并非完全被动，除在战略方向和运转机制的制订环节就有参与并发表意见及建议的权利以外，它们还可以通过自己的具体战略实践结果对平台治理后台施加影响，并促成其对战略构想和运转机制的调整。

总之，治理后台与赋能平台、业务团队的关系摆脱了传统层级组织的控制与被控制的协调模式，而是在"决策—管控—反馈—调整"的治理闭环中相互影响、各尽其责、共建共享。

**2. 赋能平台与业务团队的互利共生关系**

没有赋能平台在后方强大的"炮火"支持，前端的业务团队也会面临巧妇难为无米之炊的境地，根本无法实现在前方战场的攻城略地。同样，没有业务团队这个内部客户买单，再强大的资源能力也无用武之地。只有彼此密切合作，共创价值，才能彼此分享到更多的利益。

所以在合作过程中，业务团队根据客户的需求会不断地提出新的资源需要，而赋能平台也会根据业务团队实时提供的一线数据和市场需求升级并丰富自身的资源能力，更好地为业务团队赋能。

**3. 赋能团队与业务团队要同时具有独立性和外向性**

平台型组织要具备市场竞争力，必须要变成一个由封闭不断走向开放性的组织。所以，必须要允许赋能平台和业务团队作为一个独立的部分参与外部的市场竞争和合作，使得两者同时具备独立性和外向性，这样既可以相互扶持，也可以单打独斗。

在平台型组织实践中，赋能平台可以把某些功能开放给外部有偿使用，也可以接入外部更为专业化的资源来帮助自己更好地履行职责。另外，业务团队既可以从赋能平台获取资源支持，也可以自行选择市场的外部资源。

例如，某大型汽修连锁企业的配件采购部门，作为赋能平台除了为自己内部的汽修门店供货外，还可以把一些钣喷件和深化保养用品等优势产品对外销售给其他汽修门店增加利润来源。另外，这个连锁汽修企业也允许汽修门店对超过1000元以上的配件和应急配件自行对外独立采购。通过这种机制倒逼配件赋能平台对汽修门店的供货服务能力越来越强，也因此为企业创造了更多的额外利润。

## 三、合得明白的关键是找好契合度

当我们明确了经营合伙人应该具备的思维方式以及与经营合伙匹配的

组织模式，接下来能不能合伙就要看能否在以下三个方面找到最佳契合度。

## （一）思维理念契合

能否合伙首先要看理念上能否实现契合，具体可以从以下两方面来看：

一是合伙人的思维和理念是否契合，即合伙人之间能否都具备自由、平等、开放的合伙人思维。另外，企业的老板能否从以前的管控型思维真正变成赋能型思维，市场一线人才能否从打工者思维变成创业者思维。二是与企业的文化理念能否实现契合，即企业的使命、愿景以及核心价值观与经营合伙人能否契合。

## （二）资源能力契合

任何成功的合伙，其基础都是要求合伙人的资源和能力实现互补，同时也要具备一定程度的市场稀缺性。对于经营合伙来说，企业需要市场一线的人才具备一定程度的创新能力和创业能力，在市场上创造出较多的增量价值。同样，人才也要求企业所提供的资源能力具有较强的市场竞争力，让自己走向成功，实现梦想。

## （三）利益目标契合

经营合伙最重要的一点就是要实现目标一致，利益契合。我们说经营合伙人最终分享的主要是合伙项目产生的利润，所以对于合伙项目选择来说，一定是短期内能产生现金利润的业务类型。比如韩都衣舍主要从事快时尚业务，7-11便利店是零售行业，它们都是短期内产生利润的业务类型。

如果企业追求长期效益，而业务团队需要的是短期利润，就不适合搞经营合伙模式，因为双方是典型的利益错配。

即便企业与人才的选择都是追求短期利润的业务类型，企业与人才团队在业务目标确定和利润分配比例方面，也要通过好的机制设计让每个人都觉得合理才行。这就是接下来我们要探讨的经营合伙如何才能分得清楚。

## 6.3 经营合伙如何分得清楚

合得明白更要分得清楚，下面我们就简单介绍一下经营合伙如何分得清楚的机制设计。

### 一、经营合伙收益分享的必要条件

我们说合伙是为了共同的目标，共同经营、共担风险，共享收益的合作，所以共创、共担是合伙人收益分享不可缺少的必要条件。换句话说，企业和员工搞没有共创、共担的收益分享（如不需员工投资的简单超利分享），不仅不能称之为合伙，更不能实现企业通过激励人才获得持续发展的预期目标（只有短期激励效果）。

可是在企业与员工进行经营合伙的实践过程中，能让员工具备小老板一样的经营思维就已经很难了，更不要说让他们出钱与企业共同承担一定的经营风险了。所以，企业老板即便真心与一线员工搞合伙，也能描绘出动人的美好愿景，可是让员工直接成为你想得到的、具有经营思维的人才，并直接投钱且承担风险，这实在是不现实的。

那到底怎么办才行呢？

**案例6-5　笔者亲历的经营合伙小案例**

记得那是在2013年，我因搞互联网创业以及到处学习而无暇顾及经营多年的汽车诊断检测设备店面，没过两年我的互联网创业几乎花掉了我所有积蓄，最终以失败告终，那个本来经营不错的店面的收入也大不如从前。甚至连向厂家批量进货的货款都不够了，一些优秀的员工也纷纷离职，剩下的人要么能力不强，要么工作积极性不高，而我本人因创业失败也没有太多心思专注于经营这个小店。

但不管怎么说，当时这个店面是我维系生存的唯一收入来源，我得想办法让它持续下去。首先要解决进货款的问题，否则不仅会失去知名品牌的省级独家代理权，进货价格也会失去市场竞争力，想赚钱就会难上加难。

怎么办呢，我当时有的只是眼前的几个员工，看来只有向他们融资了。当时我告诉了他们我的进货价，并承诺按一定利润比例分成，他们在高额利益回报的"诱惑"下，同意向亲朋好友借钱进货。因当时产品的利润很可观，所以也让他们"大赚了一笔"。经过这件事，他们赚钱的欲望被点燃了，就总想着共同参与点其他事情，获得更多的收入。看到大家的积极性这么高，我便说，把你们以前投资进货赚钱的一部分拿出来投资到店里，不仅可以分享店里一部分利润分红，而且以上一年的利润为基准，超出部分我们对半分，具体每个人分多少由他们自己商量着办。这个政策被大部分员工接受了，还有个别员工认为自己更习惯于以往的工作方式，就没有参与，那我们就按以前的待遇对待。

刚开始他们总是像以前一样，向我请示各种问题怎么处理，对于他们提的问题，我更多的是给他们一些思路，最终决策让他们自己去选择。中间他们也犯过一些低级的错误，但我愿意为他们的错误买单。这个政策实行了一年后，我看到的是，他们的收入不仅提高了很多，问题也少了很多，每个人都具备了"小老板"一样的经营者思维。从那以后，只有他们遇到特别拿不准的事情，才让我给点建议，常规经营问题他们都可以自己搞定。于是，我的角色从老板竟然变成了他们的咨询顾问以及外部资源的整合者。

后来他们的基本工资也不由我开了，而是换算成一定比例的利润分成，他们自己开多少工资完全由自己决定。同时我们也完善了一些制度，比如他们赚钱超过一定金额的延期支付制度，以保证我们之间的长期合作，并且能应对经营的不确定性带来的资金紧张。经过这一系列的改变，他们从员工彻底变成了真正意义上的小老板。

通过以上这个案例，从企业老板角度思考，我希望您能获得以下两点启示：

## （一）企业要有培养员工成为经营者的正确方法

想与员工搞经营合伙的传统企业老板，在现实中经常会走向两个极端：一是控制不住权利欲，总想事无巨细地教员工如何经营；二是彻底撒手不管，不论什么事都不闻不问。这样经过一段时间，就会认为和员工搞经营合伙根本行不通。

正确的做法是，需要花相当长的一段时间做教练式引导，而非指挥员工做生意，而且必须允许他们犯错并为其错误适当买单，这样才能培养出合格的、具备经营思维的批量人才。

## （二）企业要有逐步提升员工承担风险的意愿和能力的路径

比如在上面的案例中，从开始是通过让员工共同出钱进货这件事激发了员工赚钱的欲望，之后员工又将赚到的钱进行投资分取红利，最后把工资转换成利润分成，这一系列的渐进过程让员工的风险承受意愿和能力变得越来越强。最终他们与我这个前老板实现了真正意义上的合伙。

我曾经给很多企业老板分享过这个案例，可是他们听后依然不知道具体怎么去落实，也不知如何提升员工承担风险的意愿和能力。下面我们就把大部分企业都能借鉴的三步法分享如下：

**1. 想方设法让员工不花钱先赚到一笔钱**

怎么让员工先赚到钱，其实最简单的方法就是把你想要与员工进行经营合伙的项目拿出来，根据项目类型进行部分超额利润分享。比如你的项目可以分为很多产品类型，你就可以拿出一两个类型的产品做超利分享（如A产品以前每月有10万元利润，以后超出10万元利润的部分就分给员工20%~50%，根据情况自己设定）。这里需要提醒的是，一定要遵循"首战必胜"原则，首先你拿出的项目一定是可以赚到钱的，员工稍加努力就可以实现超额利润的目标，甚至必要时可以在原有利润基础上适当降低一点额度。比如我给一家烤肉店的方案是，先拿出一些利润比较大的菜品给前厅服务员做超利分享，第一次我建议在原有利润基础上打八折，再进行超利分享，以保证首战必胜。

**2.用赚到的钱再进行投资**

如果员工通过超利分享赚到了一些钱，当然他们多赚的钱有一部分还可能在公司账上（比如你把超利分享的50%延期一年后发放），你就可以让他们投钱参与更多产品类型或者更大比例的超利分享了。此时，如果项目赚钱了，再让大家用以前赚到的钱进行投资就根本不是问题了。

**3.改变原有的薪酬结构，变成命运共同体**

如果员工投钱又赚到了更多的钱，你就可以把以前"岗位工资+绩效工资+奖金"的薪酬结构变成"最低保障工资+利润分成"这种新的利益分享模式，从而与员工形成真正的命运共同体，成为与企业共创、共担、共享的经营合伙人。

在这里我需要特别强调一点，和我们改变原有薪酬结构的思维类似，很多企业表面上没有让员工投钱，但他们采取的方法是，给员工远低于市场平均水平的保底工资（比如市场平均工资3000元，而在该企业员工只能拿1500元的保底工资）加上超利分红或者利润分红，使得员工最终的总收入会远高于市场平均水平。员工这种少拿底薪的差值部分，其本质上也是一种隐性投资的共担行为。比如韩都衣舍产品小组的员工也都是有底薪的，只不过底薪远低于同类型传统企业的工资而已，他们就是利用这种隐性投资，参与其主导项目的利润分红，成为共创、共担的经营合伙人。

## 二、经营合伙的机制设计

经营合伙机制主要包括：进入机制、收益分配机制和退出机制。

### （一）进入机制

进入机制，简单讲就是如何筛选出适合企业的业务合伙人。这要求企业根据具体的项目特点，并参照打造平台型组织的理念框架找出企业应该遵循的文化理念以及所需资源、能力和所要达成的目标，再结合经营合伙人应具备的理念、资源能力以及所要达成的目标这三个方面，找到最佳契合度，从而确定合伙人的准入机制。

## （二）分配机制

分配机制，就是要根据合伙项目的具体特点，明确企业与经营合伙人之间的责权利等规则。

### 1.干活规则

要根据具体项目特点，明确业务团队、赋能平台以及治理后台的主要职责。

通常来说，业务团队主要职责是直接面向终端客户并提供服务，为企业直接创造利润，同时也为治理后台和赋能平台提供客户的一线数据，给企业战略和资源开发提供参考依据；赋能平台的主要责任不仅是为业务团队这个内部客户提供各种共享资源支持，还要根据业务团队提供的一线数据，不断优化自身资源，更要为企业实现长期战略而进行一些基础设施建设，以增强企业的核心竞争力；治理后台主要职责是为企业把握战略大方向，制订平台型组织适用的运行规则，还要根据赋能中台和业务团队的反馈进行不断的迭代修正。

### 2.权利规则

治理后台、赋能平台和业务团队都有与责任相对应的权利。比如，治理后台有权对战略和运营机制等企业的重大事项进行决策和纠偏，也有权对赋能平台和业务团队偏离战略方向的行为给出指正；赋能平台兼具为企业建设资源池和为前端业务团队赋能的双重任务，不过它们也有权在自己的专业范围内自主决策，同时它们有权获得一线经营数据信息，以便不断优化自己的资源能力；前端业务团队有在其承担的责任范围内的决策权、人事权和财务权，同时它们也有权对治理后台和赋能平台提出完善建议。

### 3.分钱规则

分钱规则就是企业与经营合伙人如何分钱的规则，在这里我们主要通过三点来分享如何分钱的思路。

一是分钱要遵循增量分配原则。

合伙的目的就是最终要实现1+1＞2的增值收益，所以经营体合伙一定要创造出增值利润，最后企业与经营体合伙人主要收益也是分配增量利润。

### 案例6-6　7-11总部与加盟商分享增量利润

便利店在加盟7-11之前，每个小店的销售额只有一两万元，加盟后能做到四万元，毛利率从20%提高到31.6%，90%的小店都能获得五倍左右的毛利润增长，有些供给端的工厂订单和物流生意能获得10倍以上的增长。7-11与便利店合作后，只有便利店利润增加后才与之分享利润，按照不同的店铺类型，每年约定指标倒扣38%~65%，每月结算。

从这个案例可以看出，第一，合伙必须要创造增值价值，分配利润增量，否则合作就不会得以持续。

第二，分钱方式要与经营合伙组织的发展阶段匹配。

如果传统企业想要转型为经营合伙组织，首先就要从一切听领导指挥，变成花钱的（职能部门）服务赚钱的（业务团队），赚钱的服务给钱的（客户），建立以客户为中心的平台型赋能组织轮廓，然后一步一步变成真正的平台型赋能合伙组织。

组织转型是一个缓慢的过程，对应的员工薪酬结构也必须经历一个从由企业发放工资为主，到主要以分享项目增值利润为主的过程。而最先发生改变的，就是面向市场一线的业务部门，最后改变的是为业务团队服务的职能部门。这个具体过程如何实现，可以参考上文如何让员工逐步形成风险共担的意愿和能力的三步法。

由传统组织变成平台型合伙组织，需要阶段性实现。从企业的员工变成企业合伙人的风险承受意愿和能力也需要一步步加强，所以经营合伙人的分钱方式，一定要与经营合伙组织的发展阶段相匹配。

第三，要考虑到平台内各个模块的利益和具体落实到个人的分配方式。

我们定义经营合伙的合作主体是企业和企业内外部的业务团队。但在现实中，代表企业履行职责的是治理后台的核心决策层和提供共享资源能力的赋能平台，所以在制定分钱规则时，必须要考虑这些模块的利益。比如，对负责整个合伙项目的业务负责人，是否可以采用"基本保障工资+投资分红+超额利润分享"的分钱模式；对赋能平台，是否也可采用"项目利润分成+基本保障工资"的薪酬模式。

最后，还要把钱分配到个人的规则确定下来。比如，韩都衣舍产品小组是按项目利润与公司分成后，由小组长来决定每个成员的分配比例。

**4. 财务规则**

任何合伙组织想得以持续发展，都得对合伙人有公开、透明、准确和及时共享的财务信息，所以对业务合伙也要有明确的财务规则。

## （三）退出机制

退出机制就是经营合伙人如何实现退出的规则，在这里我们强调两条原则：

一是通过资源配置设计实现优胜劣汰。

以资源逐渐向优秀业务团队倾斜的方式，进行配置资源，能力差的业务团队因资源能力不足就会不断被打散重组，最终实现新陈代谢，优胜劣汰。

二是根据项目可能存在的潜在风险设计退出规则。

在设计任何合伙项目退出机制时，你不妨先考虑一下，如果合伙人离开会对项目本身造成什么影响，据此有针对性地设计离开的规则。

比如，为降低合伙人离职率，我们可以采用超额利润按一定比例延期支付的方式。经营合伙人在约定时间内达成约定的条款可获得这部分利润分配，否则就无法获得。

# 第七章

## 裂变式创业合伙

——延续生命，开启业务第二曲线

凡是生命体，都有生命周期，而企业本身就是一个独立的生命体。

那企业如何跨越生命周期而不衰呢？

这就需要企业能够打造出一支不断生长出第二增长曲线的团队，在持续创新中不断孵化出新的产品业务线，常立时代潮头。企业成长到分蘖阶段，需要选拔出批量创业型人才，进行裂变式创业，促成第二增长曲线的生发。

在这一章，我们就一起来探讨裂变式创业的合伙机制。

## 7.1 裂变式创业合伙的定义

任何一个动物个体，不管多么长寿，其生命长度都是有限的，即便寿命比较长的乌龟也只能活到两三百年，最终总是无法避免走向死亡的自然法则。虽然动物个体寿命很短，但是任何动物都可以通过繁衍后代让整个物种长期存在，达到近似永生的状态。比如寿命最长的蚂蚁只能活10~20年而已，而蚂蚁这个物种却在地球上已经存在了一亿多年。当然，很多物种也会因环境产生巨大变化而走向灭亡，同时有些物种会因适应新的环境变化而成为新的物种。比如我们人类最早的祖先可追溯至海里的鱼类，这个物种在五亿年中都没有产生太大的变化，直至出现第一条从海中上岸的鱼。适应了陆地生活的鱼分化出古爬行动物，而没有上岸的鱼仍然生活在海中；古爬行动物中最令人心潮澎湃的是恐龙，生存了1.6亿年，一度称霸了整个地球；距今7000万年前，古爬行动物中分化出早期的哺乳动物，而在人类诞生之前，哺乳动物中又分化出灵长类动物，进而在200万年前分化出能人，后来又出现直立人；在直立人中又分化出早期智人和晚期智人，在距今5万年前出现的晚期智人诞生了现代人的直接祖先，原始人类登上了历史舞台。

企业也是如此，每项业务和产品生命周期都是有限的，被市场淘汰是必然要发生的，要想企业能活得长久一些或者追求基业长青，就必须在原有战略方向的主营业务上不断地分化出新业务、新产品。如果环境产生巨大变化（尤其是新技术出现时），也必须能像动物一样变成全新物种，让自己继续生存。比如我们乘坐的交通工具，从马车到燃油汽车，再到今天的电动汽车，虽然都是车，但是其动力系统已经完全不是一个"物种"了。如果你是一个车企，不能实现从经营马车到燃油车再到电动车的跨越，怎么会成为跨越几百年的车企呢？同样，手机领域也经历了从模拟技术到数字技术，一直发展到今天的智能手机。模拟时代的手机霸主摩托罗拉没能抓住数字时代的机遇，被数字时代新的霸主诺基亚所取代，而诺基亚也没有成功抓住智能手机的浪潮，而被苹果所取代。随着新一代技术的崛起，如果苹果手机不能自我颠覆，那被其他品牌所取代也是迟早的事。再比如搜索引擎，从PC时代的百度到今天移动互联网时代的今日头条，已从搜索进化到个性化智能推荐，变成不一样的新"物种"了。百度也因没能抓住移动互联网搜索的机会而从以前BAT的领先位置掉队，如今百度在重度投入人工智能领域，我们祝福百度这个技术公司能在下一个万物互联的物联网时代抓住机遇，获得再次成功。在即时通信领域，腾讯能从PC时代的QQ，成功过渡到今天的手机微信，才造就了今日辉煌。没有永远成功的企业，只有时代的企业。要想基业长青，必须在原有主营业务的第一曲线到达极限点（价值由盛转衰一路下降的转折点）之前跨越非连续性，发展出破局点（产出大于投入，获得突破性增长的转折点）的第二曲线（如图7-1）。否则企业增长就会一路下降，直至最后走向彻底死亡。

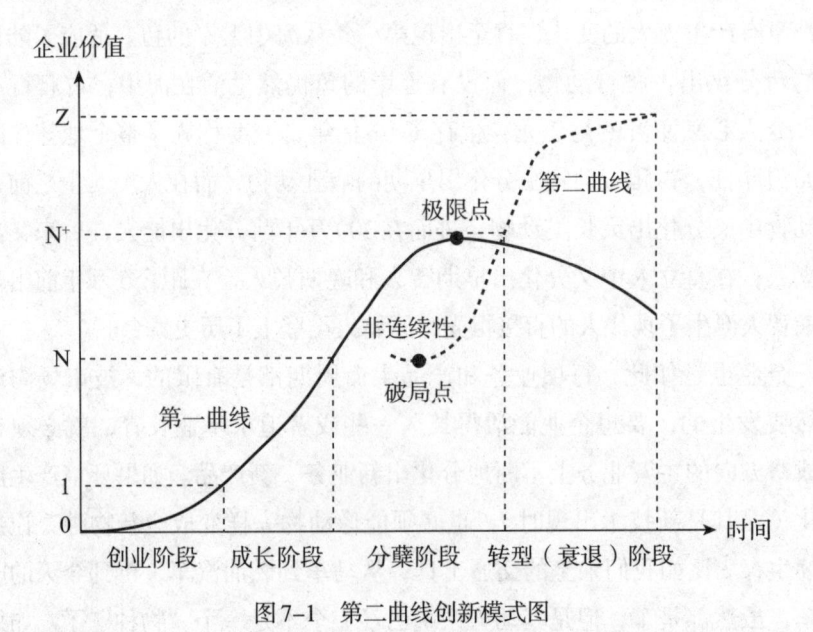

图7-1 第二曲线创新模式图

# 第七章 裂变式创业合伙

我们把企业在已经夯实第一曲线主营业务的条件下，利用其积累的资源能力进行投资，通过与内部创业型精英人才共同经营、共担风险、共享收益的合伙机制，裂变出第二曲线的新业务合伙方式，称为裂变式创业合伙。

## 7.2 裂变式创业合伙如何合得明白

企业如何才能实现与人才合伙，成功发展出第二曲线业务，从而让自己获得可持续发展呢？

### 一、匹配的合伙理念

原有企业能否成功裂变出新业务的前提是，企业核心领导者和新项目的创业人才都必须具备相适应的理念和特质。

#### （一）企业核心领导者需要具备的理念

著名的商鞅变法之所以能在秦国获得成功，除了顺应了历史发展趋势、合乎秦国国情的根本原因外，还有很关键的因素就是得到秦孝公的鼎力支持。秦孝公面对守旧势力反抗的巨大压力，之所以坚持支持商鞅变法十八年，这个行为背后的根本原因，是为了使秦国变得强大而敢于创新、不怕失败的创新思维和意识。

作为企业开展新业务，尤其是与主营业务不相关的、颠覆式创新的业务，本质上也是一场变革，所以必须要有企业一把手的大力支持才行，支持行为的背后也要求其具备与创新业务相适应的理念支撑。

**1. 要兼具线性和非线性两种思维方式**

曾经的半导体行业霸主英特尔，在2021公布的全球市值最高的六大半导体企业中，是唯一一个市值下跌的公司，市值也仅为2042亿美元。该公司最近几年也一直进行大规模裁员，重要原因是处理器作为英特尔成熟的核心业务，当遭遇从PC互联网到移动互联网的转变时，英特尔仍沿着PC互联网时代形成的连续性发展的线性思维前进，而该转变其实是一个破坏性技术创新带来的非连续性业务拐点，从而错失了移动互联网带来的新机遇。同时，我们也经常看到，很多创新业务的领导者费尽全力突破了业务早期的探索阶段，把商业模式、种子客户好不容易稳定下来，进入规模化经营后，由于不能及时转变领导思维，致使业务扩张失利或者自己黯然让位。

对于成熟业务，由于其战略、商业模式、客户、日常运营等都比较稳定，因此其管理特征基本表现为事先做出详细的计划，然后按计划执行。虽然执行过程中对计划也会作出调整，但整体轨迹通常表现为渐进性改良，这种思维模式是典型的线性思维。线性思维是指思维沿着一定的线型或类线型的轨迹，寻求问题解决方案的一种思维方法。这也是颠覆式创新之父克里斯坦森在《创新者的窘境》谈及的，很多在位领先企业在自己的行业遭遇破坏性创新时被颠覆的重要原因。这些在位领先企业对其成熟业务通常擅长于线性的渐进性创新与"计划+执行式"管理，而如果出现颠覆式的新技术或新商业模式时，必须打破其既有的管理惯性和思维惯性，对颠覆式新技术或新商业模式采用非线性思维模式与"目标+试错"的管理方式，才能跨过在第一曲线和第二曲线之间称为"非连续性"的拐点阶段，从而获得再次腾飞的机会。

而对于创新业务，通常会有两个在管理和思维模式上截然不同的业务阶段：探索阶段和执行阶段。如中欧商学院龚焱教授等人的研究，探索阶段的前期是发散式探索，不确定性极高，这个阶段在管理风格上表现出典型的"目标+试错"方式。虽然有一个大致的目标，但创业者可能会尝试多个方向，还会快速转向，不停试错，其思维也是一种典型的非线性思维模式，非线性思维是指如系统思维、模糊思维等不同于线性思维的思维类型。在这个阶段重要的不是计划能力，而是不断在行动中提升自己的认知，并将所收获的认知快速转向行动的能力，从而能尽快从前期的发散式探索迭代到阶段后期的聚焦式探索，并进而确立业务方向。通过探索阶段基本确定业务方向与商业模式后，业务发展将进入执行阶段，此时的业务发展将经历一个从不确定性下的试错模式，到基于确定性的按计划执行的拐点，在这个阶段，将主要是复制商业模式实现业务的规模化经营，其业务的管理特点将逐步从创新业务转变为成熟业务的管理特征。

当今社会是一个科学技术呈现指数型加速发展的社会，产品和业务的更新换代速度很快，企业领导者只有同时具备线性和非线性两种思维能力，才能用正确的方式做到第一曲线业务和第二曲线业务在恰当的时机进行灵活转换，才能实现业务的长期可持续发展。

**2.要具备允许创新者失败的创新文化**

近百年来，3M开发了69000多种产品，平均约每两天开发3个新产品，并且对现有产品不断更新换代。时至今日，3M每年仍有500个新产品被开发推广。3M公司取得辉煌业绩的根本原因在于创新，而其创新的核心则是"允许员工用15%的时间做自己喜欢的事情"的"处在混沌边缘"的创新机制和管理模式。

华为之所以能开发出让我们每个中国人都为之骄傲的、领先世界的5G技术，这与华为创始人任正非倡导的"开放的探索者文化、包容多元和失败文化"是分不开的。

在笔者开始写本书时，正值新冠疫情暴发之时，几乎所有公司的员工都待在家里上不了班，所有大中小学生也无法去上学校学习。这个时候，他们都开始用一个叫"钉钉"的在线协同办公软件在家工作和学习。钉钉的创始人是阿里的老员工陈航，在做钉钉之前，他曾被马云委以重任，构建淘宝搜索业务，之后又被派去研发一淘网，可以说这两个产品做得都不算成功。在2013年他又主导阿里战略级的社交产品"来往"，集团给了这个战略级产品极大的资源倾斜，要人给人，要钱给钱，但最终也没有撼动微信早已根深蒂固的根基，宣告失败。经历过一淘网和来往的失败后，陈航成了阿里最有名的"Loser"。心高气傲的陈航不甘心失败，他向马云提出到湖畔花园重新创业，这次创业获得的成果就是我们现在人人都熟悉的"钉钉"。如果没有阿里及马云对创新失败宽容的态度，就没有现在的钉钉，可能也不会有阿里今天的多元化商业模式。

**3. 要从管控思维转化为投行思维**

处于成熟期的企业往往表现出三个特点：一是金字塔式的层级式控制，做任何稍微大一点的事情都要走烦琐的审批程序；二是一切流程都是一刀切式的标准化管理；三是以短期利益为主的利润最大化的绩效导向。这三点表现的背后是典型的管控思维。

在这样的管控思维下，是不可能创造出有不确定性基因的新业务的。这就要求企业核心领导者要打破管理成熟业务的管控思维定式，转到投行思维上来。所谓投行思维，简单来说就是要把自己当成早期的投资人，以投资人的心态、合伙人的视角来看待新项目。

投行思维有三大特点：

首先，要做到减少对孵化新项目的限制和报备审批程序，即要简化流程和层级，营造相对宽松环境的"扁平化管理"；

其次，要有在财务、法律、战略方向等方面不突破红线即可的底线思维；

最后，要有鼓励试错创新、敢于承担风险、不求眼前利益而追求未来超额利润的长期创新回报意识。

**4. 要尊重新业务独有的文化**

中国之所以能从农业社会成功转型到工商业社会，核心在于能从农业文明的技艺文化走向现代工商业文明的哲科文化。如果近代中国不能成功实现文化转型，可能早就被那些列强国家所瓜分。所以说，文化决定生存，对于企业来说也是如此，不同的业务类型要匹配相适应的文化才能发展壮大。

俗话说，种瓜得瓜，种豆得豆；一母生九子，连母十个样。这两句话说的是生物的遗传和变异，对于一个在母体企业孵化出的新业务项目也一样，既符合母体的一部分文化特征，又会有所不同。比如阿里的淘宝、支付宝、菜鸟网络，既有阿里的文化基因，又会因具体业务不同而有自己的独特文化。

如果环境突变，企业会面临大转型，企业文化整体都要发生改变。比如微软从个人电脑转型为"云为先"的战略，公司整体的文化都因此而刷新。

## （二）创业人才必须具备的特质

作为企业裂变项目的负责人，通常需要具备两种特质：

第一，要拥有能协调好内部利益关系，调动公司资源的职业经理人的能力。

第二，要具备外部创业者所拥有的企业家精神。

因为一般能参与裂变创业项目的人才，通常都是参与过公司相对重要项目的管理人才或是技术负责人，所以第一点不是问题。主要看他们是否具备创业者所具备的核心素质——企业家精神。

关于企业家精神，张维迎教授在"国家与企业的未来"2021年中国企业家峰会的演讲中提出，企业家精神"五不是"的观点，我觉得说得非常到位，下面分享给大家。

### 案例7-1　张维迎教授企业家"五不是"的观点

第一，企业家决策不是科学决策。

教科书告诉我们，要科学决策，所以我们以为，科学决策就是人类最伟大、最正确的行为。尽管在企业当中有95%以上的决策可以用科学决策，但仍然会有5%甚至不到5%的决策是企业家决策，这是无法进行科学决策的部分。

科学决策是什么？就是用数据推导出答案，甚至就像考试一样，正确的答案是唯一的。企业家的决策没有唯一性可言，每个人都要根据直觉、想象力和判断做决策。同样的数据，不同的人有不同的直觉、想象力和判断，不同的人会做出不同的选择。同样伟大的企业家，比如马云、马化腾、李彦宏等，他们都很了不起，但是他们对云计算的判断可能大相径庭（在2010年的一次IT领袖年会上，只有马云看好云计算，而当时马化腾认为云计算只是一个概念，李彦宏认为云计算是"新瓶装旧酒"，并不是新技术）。这不是基于数据的不同，而是因为他们的想象力和判断力不一样。我们也可以这样讲，科学决策是能够形成共识的，而企业家决策是非共识的，没有标准答案。大部分人认为正确的决策、有标准答案的决策，都不是企业家决策，只有大部分人不认同的决策，才有可能是企业家决策。企业家做什么？做新的、没有共识的、没有一致意见的决策。当然，有一些决策，原来可能是企业家决策，但是随着时间的推移，慢慢就会演化为管理决策。可以举一个例子来说明这一点。大家公认是哥伦布发现了美洲新大陆，他也为此得到了至高无上的荣誉，被西班牙国王和王后封为"海军大将"。但是仍然有一些贵族对此不以为然，他们认为，美洲是一种自然的存在，不需要你所谓的"发现"。哥伦布为了维护自己的荣誉，不得不与这些人展开辩论。在辩论的过程中，他拿出了一个鸡蛋，问大家，谁能把它立起来？在场的人没有一个人能完成这个任务。鸡蛋转了一圈又回到哥伦布手里，他把鸡蛋拿起来，轻轻一磕，蛋壳的一头碎了，鸡蛋很容易就立了起来——这就是企业家决策。但是在哥伦布以后，任何人用同样的方法实现同样的目标，都不能再称其为企业家决策。只有第一个想到并做到的，才是真正的企业家决策。

再举一个真实的例子。英特尔的第五任CEO保罗·欧德宁，在任期尚未结束时就宣布辞职，原因是他创造了英特尔历史上最大的一次决策失误。这个失误是什么呢？当年（大概在2009年吧），乔布斯找到他说，苹果公司要生产一种iPhone手机，希望英特尔帮助生产iPhone手机的芯片，每枚10美元。欧德宁为此组织了一个由销售人员、财务人员、技术人员构成的庞大团队，经过深入研究以后，他们写出了厚厚的调研报告，其核心结论是，这是一个亏本买卖，不值得做。事实证明，这一结论显然是错的。后来，iPhone的销量是英特尔团队预测的100多倍。欧德宁后来曾经反省说："当时，直觉告诉我，应该接受这笔订单，但我最终还是听取了我的专家们的意见，拒绝了它。"

我想表达的是，关于创新、关于未来，唯一确定的是，专家的意见大部分情况下都是错的。这不是我说的，是哈佛大学的克莱顿·克里斯坦森说的，他是专门研究创新的著名专家。他本人也做出过同样错误的预测。这个案例说明，即便是专门研究创新的专家，也没有办法告诉我们什么是对的，什么是错的。企业家可以咨询专家，但必须自己做出判断，不要把专家的意见作为定论。企业家不能"随大流"。

第二，企业家决策不是给定约束条件下的求解，而是改变约束条件本身。

经济学教科书告诉我们，最优的决策是给定约束条件下求解，但企业家的作用，是改变约束条件本身。

中国有句老话说，巧妇难为无米之炊。这是典型的管理思维——没有米是不做饭的理由。而企业家不能这样思考问题。企业家要做的是，如果他判断有人要吃饭，卖饭能够赚钱，就应该考虑开始做饭。没有米可以找米；找不到现成的米，可以找种稻子的人；找不到种稻子的人，还可以说服现在炼钢的人改行种稻子。企业家决策不是满足约束条件下的最优解，而是改变约束条件本身。按照这样的思维，他就是一个企业家，不论他最终能否成功。

对普通人而言，只有"假设"满足，结论才能成立。而对于企业家而言，把"假设"变成现实才是他们的工作。特别是企业家要让一系列互为因果关系的假设变成现实。当然，在这个过程当中，企业家的成功要依赖很多的条件，而这些条件本身是相互关联的。比如，要想有A，先得有B，而要有B，先得有C，在C之前，还得有D，而要有D，先得有A。这就是我们所说的"循环因果链"。最终，由于各种各样不可控的因素，可以导致这样的情况：其中的某一个条件没有实现，全盘皆输。一个假设没有变成现实，所有的假设都不成立，最终没有找到米，做不出饭来，但我们已经收了货款，餐馆已经接到了很多预定。所以说，企业家是成王败寇。企业家一旦取得成功，就是大英雄，万人敬仰；一旦失败，所有人都认为你是一个骗子。而且，你无法在法庭上自证清白，因为你在八字还没一撇的时候就已经在向大家海阔天空地许诺了。但是如果没有许诺，不可能有人跟着你走。这也是社会应该如何看待企业家的一个新视角。

第三，企业家不是只以利润为目的，他有超越利润的目标。

一般认为，企业家的目的就是赚钱，最大化预期利润。但是我要说，我们大大低估了企业家精神，特别是企业家的非利润动机。熊彼特早在100年前就指出，企业家有三个非金钱动机。首先是建立自己的商业王国。人人都追求成功，而什么是成功？最伟大的成功就是建立一个帝国。过去靠战争建立帝国，现在则可以靠商业来建立帝国。第二是争强好胜，要出人头地。如王石曾经讲过的：我就是要证明我行，你不行。人与人之间有一点互相较劲的精神，至少要追求胜人一筹，这一点对理解企业家精神至关重要。

第三是对创造性的享受。

很多企业家都说过，早知道这么困难，我当初就不会做企业了。但是，一旦成为企业家，就是逆水行舟，不进不行。这些因素都会支配企业家的行为，使得我们没有办法完全按照利润动机去理解他们。

第四，企业家不是"好员工"。

好员工就是循规蹈矩做事，对老板唯命是从。如果一个人规规矩矩地从基层做起，一直靠"听话"得到了提升，这就与企业家精神毫无关系。

企业家与职业经理人不同。凡是具有企业家精神的人，他在一个传统的、职业化管理严格的公司，一定是不舒服的。所以我们看到，好多企业家都是由于对原来的老板不满，一定要脱离那个体系，自己创业，或者是被原来的老板炒鱿鱼，不得不自己创业。

第五，企业家不是投资人的执行人。

企业家与投资人之间一定会存在矛盾，这个矛盾不仅仅是利益的矛盾，也包括认知导致的冲突。企业家之所以是企业家，就是因为他总是持有与众不同的看法，这个与众不同不仅仅是针对投资人的，甚至和其他企业家也不一样，这是非常重要的。就利益冲突而言，投资人关心的是投资回报率，而企业家关心的可能是更大的目标。如果投资人不能尊重企业家的非利润目标，这个矛盾就难以解决。所以，我们现在应该批评主流经济学中有关公司治理的理论，因为这个理论假定，股东总是对的，但事实上，股东在大部分情况下都是不对的。当然，如何处理企业家与投资人之间的关系，是一个非常棘手的问题。一方面，如果都听取投资者的意见，就等于消灭了企业家精神。按照我们最规范的公司治理的方法，按照证监会、银保监会等监管机构颁布的条例，就更会"消灭"企业家精神。但是，另一方面，你拿了别人的钱，就不能为所欲为、一意孤行，否则没有人会给你投资。怎么办？这是一个永久性的难题。创新都是不确定的，所以需要企业家精神，企业家精神与统一意志、统一规划是矛盾的。

## 二、裂变创业项目的方向选择

裂变创业方向如何选择呢？我们认为要遵循以下三项原则：

### （一）以公司战略为导向

任何公司存在的理由都是要能解决某一社会问题，对解决这个社会问题的浓缩表达就是公司的使命，战略就是实现公司使命、解决社会问题的解决方案，而业务组合和产品结构的合理布局是实现公司战略的具体手段。

比如，滴滴解决的是人们出行不方便的问题，它的使命就是源于解决这一问题的浓缩表达"让出行更美好"。它的战略就是围绕"让出行更美好"这个使命，为人们一切与出行相关的问题提供解决方案。我们可以看到，滴滴的业务从刚开始的出租车打车软件，切入现在的专车、拼车、公交、代驾以及最后一公里的共享单车等一系列与出行相关的业务组合布局，来让人们出行更方便。

再比如，阿里巴巴最早的B2B业务通过互联网平台帮助千万中小企业突破时空限制，在一个平台上很容易找到产业链的上下家，让生意撮合更容易。据此，它提炼了公司使命——"让天下没有难做的生意"。这个使命背后的战略就是为了让买卖交易更容易更顺畅而提供解决方案，所以就有了支付宝解决交易的信任问题，菜鸟网络解决商品运输问题。

这里面我们需要强调两点：

一是通常来说，大部分公司在一开始的初创期不是一下就能碰到适合自己解决的某类社会问题而找到使命，确定公司在哪个方向上发展。而是通过不断的业务尝试，在某项细分业务获得了市场成功之后，找到该业务的成功内核，再进行业务边界拓展，以解决更大的社会问题，从而明确公司使命和战略方向来指引后续的新业务。甚至是很多创始人会经历很多创业失败，再次创业时才找到适合的创业方向，才有机会确立公司的使命。

二是企业在原有企业使命下的战略方向已经不能让企业有所发展，甚至限制企业发展时，这时就要求企业重塑使命，明确新的战略方向。

比如微软原来的使命是"让每个家庭、每张办公桌都有一台电脑"，这个更像愿景的使命在电脑很普及的时代里，已经不能指引微软公司继续快速增长。所以，它通过纳德拉这个新任CEO来做文化转型，从原来的使命变成"予力全球每一个人、每一个组织，成就不凡"的新使命。这个新使命简单讲就是为任何人和组织"赋能"，既然使命是"赋能"，我们身处移动互联时代，那它的新战略"移动为先，云为先"就很自然地被提出来了。微软依靠新使命、新战略方向的指引开发出一系列符合时代要求的新产品，让微软获得重生，再次成为增长最快的世界顶级公司。

## （二）以核心能力为支撑

那些大公司之所以成功，在于他们都具备很强的核心能力，如百度的核心能力是技术，阿里的核心能力是运营，而腾讯的核心能力在于能打造出好产品。依靠原有业务积累的核心能力作为支撑，源源不断地发展出第二曲线式的新业务，就能保证它们持续获得增长。字节跳动从2012年成立至今，其市场估值已达2000多亿美元，能如此成功是因为它能把"今日头条"这个第一曲线业务夯实为集分发、内容和互动相互促进的通用信息平台的主航道，之后利用今日头条积累的用户流量等资源和共享推荐算法这一核心能力成功孵化出如抖音、火山等系列新产品。

以核心能力为支撑，产生新业务的方式主要有两种：

**1. 把产生核心能力的支持性业务发展为第二曲线**

身处网络时代，几乎人人都会经常从网上购物，淘宝、京东、拼多多等众多电商平台给消费者多快好省的多样选择。如果你想省钱，肯定会上拼多多；如果你想送货快，肯定首选京东。我们作为消费者，选择它们"省"和"快"的关键要素不仅是我们的购买理由，更是它们能成功的能力基础，同时也是它们的核心能力。为能保障持续成功，它们必须不断强化这个核心能力。当这个核心能力积累到一定程度后，就可以利用这个能力裂变出新的业务，让其获得新的利润增长。比如京东，从2007年就开始自建物流体系来支撑其业务发展，到2015年京东物流通过建设"亚洲一号"，打造了京东标准化的物流服务体系。从2016年开始，京东物流不仅能够支持自身业务发展，同时全面对外开放，从成本中心转向盈利中心，之后又从京东物流裂变出如今的京东快递业务。提到电商，我们不得不提一下电商巨头亚马逊，目前市值已达1.7万亿美元，这与它高速增长的第二曲线AWS云平台的业务贡献密不可分。亚马逊AWS云平台看似与电商没有关系，实则是亚马逊战略导向的结果。亚马逊的使命是"成为世界上最以客户为中心的公司"，它的战略导向就是要不断满足用户需求。那具体应该满足客户哪些需求呢？亚马逊的创始人贝索斯提出了客户永远不变的三条需求：一是客户需要更低的价格；二是客户需要更多的商品选择；三是客户需要更快的商品配送速度。亚马逊就以这三条不变的战略指导原则为中心，不惜投入一切资源进行基础设施建设，来满足客户需求，其中的云技术也是为满足客户体验、提升运营效率而建设的重要基础设施之一，最开始也主要是为自己电商平台内部的技术开发者提升效率降低成本所使用。云技术这个能力强大后，就对外开放，发展成为独立的第二曲线业务。

**2.把第一曲线内的某项分支业务发展成为第二曲线**

美团起家于"千团大战"时期，它的团购业务很快升级为到店业务，夯实了当时的主航道。随着时代的发展和科技的进步，到店业务很快便到达"极限点"。幸运的是，此前美团已经在第一曲线的基础上，发展出酒旅、外卖、票务等多个分形创新的分支业务，其中外卖业务迅速得到市场的认可，成为美团的第二曲线。

### （三）以业务延伸为准则

创新业务要尽可能与第一曲线业务主业进行相关延伸，而不是盲目的多元。

**1.把与主营业务关联的支持性业务发展成为第二曲线的新业务**

比如阿里巴巴围绕电商平台这个主营业务，分别把与其相关的交易环节的支付、物流发展成为独立的新业务蚂蚁金服和菜鸟网络。再比如上面我们讲的京东物流和亚马逊AWS云，也都是把支持电商平台的业务独立出来成为新业务。

**2.围绕主营业务在产业链上下游进行业务延伸**

2015年4月，万科启动了"小草计划"，其中的"草"就是指草根创业。

《万科集团内部创业管理办法》鼓励司龄超过两年的内部员工在万科"城市配套服务商"的产业链上裂变创业。该办法要求员工创业要符合城市配套服务商的定位,有益于万科生态系统,轻资产、技术类、服务类项目优先。这些从万科公司内部裂变的项目不仅为万科服务,也可以为第三方提供服务。

## 三、裂变创业的组织机制

当我们企业已经确立了适合自己裂变创业项目的方向原则,下一步就是以此原则为指导思想,在组织文化和机制上落实。

### (一)组织内要有允许创新创业的制度保障

想成为什么,才能拥有什么。要想在企业内部培养出第二曲线业务创新创业人才,就需要在企业走过成长期到了分蘖期之前(已经在某细分领域做到数一数二的市场地位时),建立明确的裂变创业文化和组织机制保障。否则,不仅可能让公司发展不可持续,还可能让公司内部想创业而没有机会的核心人才流失,甚至成为公司的竞争对手,而给公司造成更大的损失。正所谓不给员工提供舞台,搭建平台,他们就会和你打擂台,这句话放在人才想创业而公司没有制度支持的企业里就再合适不过了。芬尼克兹公司是一家生产游泳池热泵的制造业企业,创始人宗毅是一个小有名气的企业家,在2004年在他刚创业两年,就有一位开发了他们公司80%业务的营销总监,因没有获得他想要的应得利益而离任,并带走了其他的核心人才和大量客户资源。这件事情促使宗毅开始思考如何留住核心人才,而通过和内部人才合伙裂变创业是他找到的一条合适的方法。为此他还写过一本书《裂变式创业》,讲他在公司内部通过创业大赛的形式,用钱投票选新项目带头人进行裂变创业的事情。

具体如何做裂变创业,我们在这里提供三个思考方向:

一是在创业项目方向选择上和公司战略的相关度;

二是公司能为创业项目提供的资源;

三是创业项目产生的方式和运营机制。

比如，芬尼克兹公司的前两个裂变创业项目都是和其战略方向紧密相关的项目，第一个裂变项目是其主营业务游泳池热泵（泳池恒温除湿系统）里面用到的一个重要配件——钛管换热器；第二个项目是公司转型互联网的项目。在资源提供上，除了为创业项目提供办公场所等基础设施外，总公司也提供更多的行业资源，如在项目前期作为种子客户购买创业项目生产的新产品；在项目产生方式及运营模式上，芬尼克兹通过创业大赛的方式产生新项目负责人，又建立了具体的《芬尼基本法》，来保证裂变创业项目的健康运行。

## （二）裂变创业项目的组织方式

接下来，我们探讨这些问题：

裂变创业项目与企业原有的成熟业务有哪些不同？

它们适合在一个组织体系下共生吗？

裂变创业项目的组织管理原则是什么？

### 1.成熟业务与创新项目的不同点

（1）文化理念不同

创业项目特点是人少、钱少、资源少，业务方向通常也不确定，必须通过不断地快速试错迭代来进行市场验证，所以创业项目要想活下来，必须要有灵活创新的文化。

成熟的业务则恰恰相反，一切都有明确的规章制度、标准化的业务操作流程，所以成熟业务追求的是低成本和规模化。

（2）绩效考核方式不同

新老业务遵循不同的理念，必然导致评价考核方式不同。

创业项目的评价标准是能不能找到一个符合企业战略需求空间的新市场，并成功进入，考核核心是能否做成。

成熟业务的评价标准是利润最大化、成本最小化，其考核核心是利润。

（3）人员收益分配方式不同

考核方式决定收益分配方式。

创业项目的核心人员作为一个创业者，拿的是项目股权在未来产生的长期收益，如果项目失败，不但一分钱拿不到，还要承担一定的投资风险。

而一个成熟业务的职业经理人拿的是固定年薪和绩效分红，可以说是旱涝保收，没有任何风险可言。

（4）外在价值网不同

一个成熟的业务必然对应一个成熟的市场，成熟的市场里有稳定而健全的供应商和渠道商以及明确的顾客群体。

而一个新市场的全新业务，一般没有健全的上下游价值网支持，必须通过自身努力去构建。

## 2.裂变创业项目的最佳组织方式——独立小机构

因成熟业务和创新项目存在着诸多不同点，所以要想提高创业项目的成功率，就不能让它们在同一组织体系下，否则就会产生更多的冲突，最终一定会导致创新项目失败。

柯达不仅是胶片影像业的巨头，同时也是数码相机的发明者。然而，这个掘了胶片影像业坟墓、让众多企业迅速发展壮大的发明，在柯达却被束之高阁。原因何在呢？如果你是当时柯达的CEO，你会怎么做呢？我们来看看两位互联网巨头CEO的见解。

腾讯CEO马化腾给出的答案是组织僵化造成的。他认为"在传统机械型组织里，一个'异端'的创新，很难获得足够的资源和支持，甚至会因为与组织过去的战略、优势相冲突而被排斥，因为企业追求精准、控制和可预期，很多创新难以找到生存空间。这种情况，很像生物学所讲的'绿色沙漠'，在同一时期大面积种植同一种树木，这片树林十分密集而且高矮一致，结果遮挡住所有的阳光，不仅使其他下层植被无法生长，本身对灾害的抵抗力也很差。要想改变它，唯有构建一个新的组织形态"。

因为马化腾知道这个道理，所以微信这个伟大产品不是来自QQ内部的孵化，而是源于张小龙带领独立小团队创新出来的产品。

面对同样的问题，亚马逊CEO贝索斯用实际行动给出了最真实的答案。

大家都知道亚马逊的起家业务就是在网上销售实体图书。大约在2004年，贝索斯就洞察到数字媒体将会取代纸质媒体，成为未来的潮流，于是立即决定要打造一个数字化阅读品牌，亲手"终结"自己起家的实体图书业务，终于在2007年发布了电子阅读器Kindle。

同样是自我颠覆，贝索斯为什么能如此果断地采取行动？他具体是如何操作的呢？

在《一网打尽：贝索斯与亚马逊时代》一书中，作者布拉德·斯通写下了这样一段话：那时，贝索斯和高管们正在激烈并入迷地讨论一本书——《创新者的窘境》，这本书大大影响了亚马逊公司的战略。克里斯坦森指出，大公司的失败并不是因为它们想避免颠覆式的变化，而是因为它们不愿意接受大有前途的新市场——新市场可能会破坏它们的传统业务，而且可能无法满足它们短期增长的需求。例如，希尔斯未能成功地从百货商店转换为折扣零售商，IBM没有及时地把大型机转变为小型机。

在《创新者的窘境》的影响下，贝索斯坚定了自己打造数字化阅读品牌的决心。他对此寄予厚望，将这项业务命名为"Kindle"（点燃），希望以此点燃大众的阅读热情。贝索斯选中的项目带头人是史蒂夫·凯赛尔。凯赛尔是亚马逊10位高管之一，是一位极富远见的元老级人物，自1999年起就与贝索斯进行密切合作，当时主管亚马逊的线上图书业务。凯赛尔同样对新业务Kindle抱有极大的热情，但他觉得这项业务开始时并不会占用自己太多时间和精力，反倒可以从传统图书业务中借力，完全可以兼顾。

然而，贝索斯并不这样认为。他从《创新者的窘境》中吸取了教训，坚持认为凯赛尔无法同时管理纸质媒体和数字媒体两个基因完全不同的业务，并对凯赛尔说："你未来的工作就是干掉你现在的生意，你的目标是让所有卖纸质书的人都失业。"

2004年，贝索斯解除了凯赛尔在亚马逊线上图书部门的管理职务，让他在加利福尼亚州的硅谷建立了一个子公司，远离亚马逊位于西雅图的总部，并从硬件部门抽调精兵强将，重新组织了一个团队，命名为"Amazon Lab 126"（亚马逊硬件设备实验室）。

"Amazon Lab 126"和Kindle项目，不但在资源、团队、地理位置等方面都与亚马逊原有的组织相隔离，甚至连项目本身都处于严格保密之中。

这就是Kindle诞生的故事，如今Kindle已自成生态，成功孵化出电子书这个商业领域的新物种，改变了全球数以亿计读者的阅读习惯。

在大多数公司里，如果用原有的"老臣"去做新业务，失败的可能性极大。大部分企业只是简单重复固有的流程而已，不具备创新能力，又缺乏创新训练的人才，所以很难主导新业务。因此，你必须找到那些具备创新能力、拥有专业技能，且具有创业精神的人来做新业务，这一点特别重要。

通过以上案例，我们能得出一个结论，要想提高创新创业项目的成功率，建立独立小机构一定是最佳的组织方式选择。

### 3.提高裂变创业项目成功率的组织管理原则

下面我们通过阐述两个阿里巴巴创新项目的成败，来看一下应该遵循哪些组织管理原则，从而提高裂变创业项目的成功率。

### 案例7-2  阿里两个创新项目的成与败

阿里巴巴能拥有今天庞大的商业地图，与内部成功孵化出若干创新项目密不可分。但并不是所有创新项目都能获得成功，比如在2007年他们做的一个项目叫作阿里软件。

当时阿里有一个很美好的梦想：一天一块钱用上世界级的企业软件，也就是让中小企业一天付一块钱，购买阿里专门研发的企业软件。那时候阿里已经有几十万的付费中小企业客户和技术上非常优秀的团队，所以在阿里内部都觉得做这件事水到渠成。当时投资两亿元，做了两年，无疾而终，没有做出来。

后来团队复盘，讨论自己为什么失败了。

第一，去领军做这件事情的人，不是自告奋勇、自我驱动的，而是公司任命的，他不得不去做。

第二，钱给的太多了，一下子就给两个亿。创业的时候，只有资源最少、最没钱的时候，才能激发出最好的创意。

后来阿里又做了一个创新项目——阿里妈妈。今天淘宝将近70%的收入跟阿里妈妈有关，可见这个项目对阿里的重要性。它其实就是今天我们都熟悉的阿里直通车、阿里钻石展位、阿里淘宝的联盟，它的基础就是阿里妈妈，它的本质是一个广告系统。

当时淘宝不知道怎么赚钱，后来觉得广告还是比较靠谱的。但是阿里原来没有互联网广告的基因和技术，也没有团队，怎么办呢？那时就想收购另外一家公司，卖家要价4亿美元，因为那时阿里没那么多钱来买，所以就被别人抢先买走了。后来阿里在资本市场融了17亿美元，就去找那家先买一步的公司说，你刚买了6个月，4亿美元买的，10个亿卖不卖？人家听说阿里融了17个亿，就要15亿才卖。后来阿里觉得不划算，于是决定自己干。

上面我们讲了这个项目对阿里如此重要，又舍得花10亿美元来买，那你猜猜马云这回打算出多少钱来做这个项目？200万元。这是因为马云想起来1999年他们创业的时候才有50万起步资金，做到2008年的规模，上市部分就两三百亿美元，所以现在拿200万是可以做成的。

只有200万元，那谁来干这个事呢？他们就在一定范围内让大家来报名：公司只投资200万元，你也可以参与投资，占百分之二十到三十。如果是集团内部人员来申请的话，集团原有的级别、工资、股权全部拿掉。做好了呢，公司会用风险投资的方法来追加投资，最后可以和淘宝换股合并回去。马云说这200万是包括所有资金的，你如果用公司的办公室、律师、电脑，都是要算钱的，员工的工资也是包含在200万里面的。

主动请缨者第一件事情就是去找马云，说这些条件实在太苛刻了，要不就去以前创业的湖畔花园，这样租金就省了。另外，高管决定不拿工资，把人工成本也抠下来了。接下来面临一个大问题，就是还得需要5000台服务器和购买外部流量，按正常预算得花两亿元才行。这怎么办呢？这群人在资源有限的情况下真是有创造力，在公司上上下下到处找已经折旧的、报废的服务器，找到2700多台。他们通过不同的架构设计，让这些旧服务器起到了5000台新服务器同样的作用。还有一个重要问题就是流量，他们除了淘宝内部流量，还需要外部流量。当时外部流量都被百度等公司包了，或者被百度联盟圈进去了。那个时候百度分成体系是六四开，百度拿六。他们就宣布一个政策，95∶5，他们拿5%，让别人拿95%，但条件是没有预付款，有账分账。在巨大的利益诱惑下，有些网站就敢于挑战一下百度，所以一下就有了淘宝联盟的颠覆性作用。最后这个项目做成了。

通过阐述以上两个一成一败的阿里创新项目，我们不难得出两个结论：

一是创业项目要回归市场化创业的经营环境。

二是要模仿创投的投资方法。

这两条原则也是提高裂变创业项目成功率的组织管理的核心原则。

## 四、裂变式创业合伙契合度

裂变创业合伙和我们前面讲的三种合伙类型一样，要想合得明白，关键要看企业与人才能否在以下三个方面找到最佳契合度。

### （一）思维理念

关于这一点，读者可以参照前面"匹配的合伙理念"这部分内容，列出企业的使命、愿景、价值观、企业核心领导者对待创新创业的思维理念，以及创业项目人才具备的思维理念。有了这些标准之后，就很容易评估出企业与人才在思维理念方面有多大的契合度了。

### （二）资源能力

如果企业与人才在理念上有很大的契合度，就能做到互信。之后最重要的就是，要看彼此在资源与能力上是否互补。从企业角度来说，一定要明确企业第二曲线的方向是什么（参照上文"裂变创业项目的方向选择"），以及项目本身需要哪些资源与能力，同时更要明确项目所需人才的能力模型。同样，对于人才来说，不论是企业提出项目的方向，还是自己提出项目的创意，都要评估自己的能力是否与之匹配，同时也要清楚企业的核心资源和能力与项目本身需要的核心资源能力是否匹配。弄清了这些，企业与人才就能评估出在资源与能力上的契合度了。

## （三）利益目标

无论对企业，还是人才来说，做裂变创业项目的最终目的都是想实现自己的预期收益。所以，能否明确企业和人才想要的利益，并达成共识，是合伙成功的关键。至于怎么做能让彼此都对所获得的收益相对满意，是我们接下来要探讨的分钱问题。

## 7.3 裂变式创业合伙如何分得清楚

裂变式创业合伙与其他合伙类型一样，不仅要合得明白，更要分得清楚。

### 一、进入机制

进入机制设计时应重点应该把握两点：

一是裂变创业项目如何筛选；

二是参与裂变创业项目的人才如何选择。

#### （一）裂变创业项目筛选机制

对于公司来讲，究竟哪些项目可以投资，哪些项目不能投资，必须要有一套筛选原则和筛选方式。

**1. 项目筛选原则**

我们虽然无法给出创业项目筛选的具体原则，不过大家可以参照上文提过的裂变创业项目选择原则，即"要以战略为导向，以核心资源能力为支撑，以业务延伸为准则"，并结合企业自身业务实际情况，对项目的可行性、创新性和风险性等因素做综合考虑，然后作出符合企业未来战略需要的项目筛选原则。

**2. 项目征集方式**

如果我们确立了裂变创业项目筛选的原则，接下来就要找到适合项目的征集方式，找到合适的创新项目。

常见项目征集方式有以下四种：

方式一：举办内部创业大赛。这是一种制度化的竞争征集方式，比如我们在上文曾经提到的广州芬尼克兹公司，就模仿"赢在中国"，在内部举办由内外部专业评委点评并由员工"用钱投票"的创业大赛。这种方式的好处是可以营造一种"公平竞争、人人平等"的创新创业氛围。

方式二：通过内部提案方式征集项目。这是一种企业内部自下而上、通过员工自由提案征集项目的方式。上汽集团从2015年初开始推进"种子基金"项目，就是在网上接收员工自由申请的种子项目提案。

方式三：通过部门推荐方式征集项目。这是通过公司下属部门层层审核推荐来征集项目的方式，国内很多大企业通常都采用这种方式，比如国内的三大电信运营商就普遍采用这种方式。

方式四：从企业外部寻找好项目。企业不仅可以在内部征集项目创意，同时也可以通过创业大赛和网上报名等方式对外部创新创业人才开放。比如某科技企业因主营业务遇到增长瓶颈，在内部创新力不足的情况下主动出击，通过参加创业大赛、举办创业沙龙、业内人士介绍等方式四处寻找好的外部项目。

## （二）人才筛选机制

无论多好的项目，没有合适的人来操盘都无法获得成功。企业筛选到匹配自身战略的创新项目后，最重要的是筛选出合适的项目人才团队。

**1. 筛选原则**

关于如何确立创业项目人才筛选的原则和标准，大家可以参考本章"创业人才必须具备的特质"部分，并结合自身企业文化以及新项目的特点，通过综合考量来确定项目团队成员需要具备的品行和才能。

**2. 筛选方式**

有了筛选人才的原则和标准，接下来最重要的事情就是采用什么方式才能验证人才是否有真心创业的意愿，并具备创业所需要的品行和能力，这是极为关键的。

笔者有一个核心观点：看一个人是不是符合真正合伙人的标准，就要看他是不是既出钱又出力,所以检验一个人创业的意愿度和能力的最好方式就是"用钱投票"。自己是否愿意出钱,这是检验创业意愿度的金标准。这个道理很简单,如果你特别看好一个创业项目,抱有极大的信心可以让这个项目获得成功,只要你敢拿出真金白银去投资这个项目,即便别人怀疑你的能力,也肯定没人怀疑你的意愿度。假如身边的同事朋友也愿意参与投资这个项目,就能在一定程度上说明合伙人的能力和品行让众人信得过。

我们在企业内部选择裂变创业项目领军人才,就可以通过是否愿意出钱来判断其创业意愿度;可以通过内部"众筹"看其他同事是否愿意支持他的方式,来判断他的品行和能力。如果一个项目有多个人报名参与,就可以用创业大赛的方式选出最佳人选。

### (三)出资方式

成为合伙人必须出资,但项目出资不仅可以用现金,也可以拿资源和人力作价占股。这些内容在前面各个章节均有介绍,这里就不再赘述。

## 二、分配机制

裂变创业合伙和创始合伙都是从无到有的创新,不同的是裂变创业有母公司丰富的资源支持,且裂变创业团队是介于外部创业者和职业经理人之间的一种内部创业者。所以,在裂变创业合伙的利益分配机制设计上,可以借鉴一下创始合伙和事业合伙这两章中利益分配机制的内容,下面我们就简单阐述一下需要特别注意的地方。

### (一)确定持股对象

裂变创业项目最核心的持股对象就是母公司和创业项目团队,但因项目具体需求不同,持股对象选择范围和持股人数多少也存在一定的差异。比如,有的项目内部创新人才不足,就需要吸纳外部创业者加入;有的项目想快速做大,需要外部资金进入,那就需要引入外部投资人入股;有的项目需要母公司给予多种资源支持，为协调多个部门顺畅合作，就需要更多的利益相关者入股。

只有确定了持股对象，才能做股权架构设计。所以，企业一定要根据裂变项目的实际需求，事先想清楚需要哪些人进入新项目。

### （二）确定持股比例

确定了持股对象，接下来最重要的就是确定每类股东的持股比例，最终再落实到每个人占多少股份。

比如，某制造企业转型互联网项目，项目总经理占股15%，其他项目团队人员占股10%，母公司占股50%，与新项目资源相关的母公司旗下公司高管和老员工共占25%。

这里我们需要重点强调两点：

第一，母公司和裂变创业团队谁控股、谁参股。

这个取决于母公司的战略，如果母公司把裂变创业项目当成未来公司的第二曲线业务（如抖音是今日头条的第二曲线业务，微信是腾讯的第二曲线业务），或者这个项目对母公司特别重要（比如物流对京东的重要性，支付宝对淘宝的重要性），那母公司就要控股。如果裂变项目不是母公司未来的核心业务，就由创业团队控股。比如有的公司为了战略聚焦，把不在主航道的业务剥离出去，给有意愿的老员工或团队拿出去自主创业，这种情况就要让创业团队控股。再比如，有的科技公司仅靠某项核心资源或能力出资吸引多个创业创新人才共同创业，这种情况下这个科技公司肯定不能占大股，参小股才是最佳选择。

第二，项目团队"带头大哥"占多少股的问题。

无论是母公司控股，还是项目管理团队控股，项目管理团队都必须有一个绝对的老大才行，这和创始合伙得有个"带头大哥"是一个道理。作为创业项目的带头人，必须对创业项目有足够的热情和信心。怎么能看出来他对项目有足够的信心呢？核心还是要"用钱投票"，我们建议他的股份最少应占项目管理团队的50%以上。

### （三）利益调整机制

任何合伙都存在着利益博弈的过程，裂变创业合伙也不例外。如果股权已经确定，却没有设置一个动态调整的利益分配机制，项目不仅不能达到预期，还有可能散伙。比如对于母公司来说，很可能高估了项目团队的能力，投入大量的资金和资源，项目进展却不如预期；对于项目团队人才来说，到项目有收益的时候可能觉得自己的贡献与收益不成正比。所以，根据创业项目特点，设计出项目不同阶段的利益调整机制，尤为关键。比如对于短期能产生利润的项目，母公司和项目团队可以约定利润达到一定目标值时，给予相应的优先分红权，进行利益分配调整。当然，与此同时，母公司也可以设置在一定时间内，如果利润值没有达到底线值，母公司有权回购项目团队股权的约束机制。对于一些技术公司，也可以根据用户量和公司估值等，设计一些对赌条款，以实现利益分配的重新调整。

## 三、退出机制

裂变创业合伙与创始合伙退出机制大体相同，主要有以下五种：并购、上市退出、管理层回购、股权转让、母公司承诺退出时回购，一般情况下母公司回购裂变创业项目公司股份具有优先权。

其中，前四种方式与创始合伙的外部创业一样，不同之处在于第五种，即"母公司承诺退出时回购"。比如上文我们提到的阿里巴巴的创新项目"阿里妈妈"，这个项目做成后就并入了淘宝这个母公司内，创业团队的股份也折算成淘宝的股权。再比如，赶集网在推动内部创业裂变项目"赶集好车"项目时规定，如果项目团队能在5年内达到20亿美元估值，就可以拿到公司股份的20%；如果5年以后做不到20亿美元估值，赶集网母体企业可以购买股票，让项目操盘团队确认自己的经济回报。

# 第八章

# 生态链合伙
## ——产业生态，共生成长

只有胸怀天下，才能有天下第一的事业。

掌舵一家卓越的企业亦是如此。如海尔张瑞敏所言，要经营全球智慧资源，世界就是我的人力资源部。当企业创始团队的眼界能超出行业而站在产业，甚至生态视角整合资源为己所用时，也就进入了生态链合伙阶段。

前边讲述的企业发展阶段都是在企业内部合伙，而一旦企业发展到产业生态阶段，则需要以实股整合企业外部合伙。

那在这一章，我们将为大家阐述生态链合伙的合伙机制。

## 8.1 生态链合伙的定义

不仅企业内部员工可以采用合伙模式，企业与外部的合作伙伴同样也可以采用合伙模式。

比如处于成长期的企业需要把已经经过市场验证的产品快速推向市场，抢占市场先机，那就必须找到并扩展与产品相匹配的渠道。在自建渠道的时间和资源都不足的情形下，选择合适的渠道商合伙就是非常好的选择；进入成熟期的企业为了增强竞争力，在产业链向上延伸获得稀缺的原材料和产业核心技术，向下继续扩展新的渠道实现供需一体化战略，这时也可以考虑采用产业价值链上下游合伙的模式进行产业整合，以增强其竞争力。另外，传统企业转型数字化以及致力于构建生态型组织的企业都可以用合伙的方式，实现与外部伙伴的合作。

我们把企业因其自身业务发展，需要与外部合作伙伴展开的、基于实股的合伙模式称为生态链合伙。

## 8.2 生态链合伙如何合得明白

生态链合伙要想合得明白,必须要把握以下两点:

一是要建立符合生态链合伙的互信理念;

二是要明确企业的业务发展战略目标,以及实现战略目标的打法和所需资源能力。

我们要在这两点基础上评估合伙的契合度,最终来决定彼此能否真正"合得来"。

### 一、生态链合伙需具备的理念

生态链合伙除了要具备我们前面讲的一些合伙理念外,这里我们再着重强调以下两点:

**(一)要建立互信的基本认知**

有相互认同的事业愿景,建立以客户价值为核心诉求的一体化关系体系,彼此平等,互为价值放大器,要有合理的收益预期。

**(二)要拥有一致的核心价值观**

生态链合伙与其他合伙一样,合伙人之间必须具备相对一致的核心价值观。

比如小米选生态链合伙人就提出五条核心价值观:

一是不赚快钱；

二是立志做最好的产品；

三是追求产品的高性价比；

四是坚信互联网模式是先进的；

五是提升效率，改造传统行业。

明确的价值观是合伙人选择的边界。对于符合核心价值观的合伙人，要积极争取其加入；对不符合价值观的人，则要坚决放弃，毫不犹豫。小米价值观第一条就明确了不赚快钱，那他们在找生态链合伙人时，如果遇到了希望快速融资、快速做大、快速上市套现、想一夜暴富的人，我想即便这些人再优秀、再权威，小米也绝对不能开绿灯与之合伙。

## 二、明确企业战略目标、打法及所需资源

确立企业的业务发展战略目标，要综合考量企业所处发展阶段和企业目前在产业生态中所处的位置以及当前面临的机会和挑战。

如果一个生产型企业的产品已经走过了市场验证阶段，此时的业务目标就是最大化占有市场，战略任务就是要找到适合产品通往市场的渠道并建立合作。假设这个企业整合了强大的渠道资源并有幸成为市场领先型企业，为了巩固市场领先地位和强化企业的核心竞争力，它会在横向产业价值链上整合强有力的竞争对手，以进一步壮大实力，从而成为行业领导者；在纵向产业价值链上强化核心技术，掌握稀缺的原材料，向下延伸扩展更多的渠道，实现供需一体化，从而获得更大的企业价值。

如果有一家运营多年的生产加工型企业，在当前供给侧改革和智能制造的大背景下，要想突破产业价值链的低端利润区的困境并获得长久发展，企业的业务发展战略目标就应该考虑利用自身积累的资源，逐步向智能制造的数字化企业转型，或者向产业价值链的上下游高利润区进行延伸，实现产业转型升级。

当一个企业明确了自身的战略目标后，就要思考实现这一战略目标的打法，之后根据实现目标的打法，梳理自身所具备的资源能力及所欠缺的

资源能力；当然确定战略目标后也可以先梳理自身的优势资源和能力，之后从自身优势资源和能力出发，思考实现战略目标的打法，进而找出打法所欠缺的资源和能力。

### 案例8-1　小米的IOT（物联网）战略

截至2023年底，小米生态链企业已超过2000余家，其中石头、九号公司、云米、华米科技等几十家公司已经完成上市。目前小米的AIOT品类已超过200余种，涵盖了95%以上的日常生活场景，也成为目前世界上最大的消费级AIOT平台。

这个亮眼成绩单的背后，是小米在2013年开始的IOT战略布局。小米之所以布局IOT，是基于创始人雷军对未来商业发展趋势的判断。他认为互联网时代发展的第一阶段是PC互联网，第二阶段是移动互联网，第三阶段是物联网（IOT）。雷军说："每个阶段都有成就万亿级大公司的机会。"

战略有了，用什么模式来实现呢？就是用"投资+孵化"生态链企业的方式来实现。之所以选择这种方式，小米生态链负责人刘德说了三点原因。

第一，以当时小米的状态，从人员和精力上都没有可能直接做这个事情。2013年是小米手机产品蓬勃发展的一年，他们一共有8000名职员，其中2000个工程师专注于做手机，但实在忙不过来。雷军说："小米必须专注，否则效率会降低。我们自己不要做，最好是找更专业、更优秀的人来做。"所以，他们才想用一个全新的模式，用"投资+孵化"的方式，与多个兄弟公司合伙，大家一起"打群架"。

第二，速度快才能胜出。多年经验告诉他们一个很重要的商业指标，那就是速度。如果他们自己干，进入这么多领域做这么多产品，不知道要做到什么时候，而用生态链这种"投资+孵化"的方式，可以以最快的速度去布局市场。

第三，便于设计激励机制，用制度决定一切。如果他们把这件事放在小米体系里来做，那激励的力度就会降低。而采用生态链的模式，每支队伍都是独立的公司，打下来的就是自己的天下，这样的激励机制可以保持团队有顽强的战斗力，野蛮生长。

对于如何把IOT战略落实在具体业务上，小米是围绕自己的主营业务手机，从近及远，分三层来投资生态链企业的。

第一圈层：手机周边产品，比如耳机、小音箱、移动电源等，基于小米手机已经取得很高的市场占有率，并有了庞大的活跃用户群，手机周边产品是他们具有先天优势的一个圈层。

第二圈层：智能硬件，比如，空气净化器、净水器、电饭煲、无人机、平衡车、机器人等。

第三圈：生活耗材，比如毛巾、牙刷等。

为实现以上IOT战略，在具体业务中小米做到了两点：

一是明确并找到具备能突破行业痛点的研发高手或者潜在高手的生态链企业。

二是利用自己积累的核心资源能力对这些生态链企业进行赋能。

赋能一：品牌赋能。

小米生态链的很多企业都是初创企业或者中小型企业，有着不错的技术背景却缺乏社会影响力和信誉积累，在激烈的竞争环境中生存下来具有一定难度。小米作为一家具备相当强的社会影响力和社会关注度的公司，自然能够从多方面为生态链企业进行品牌赋能。

首先是背书。小米的品牌效应给生态链企业的商业行为做担保，具体形式可分为融资背书、产品背书、供应链背书。通俗地讲，有了小米为它们"撑腰"，它们得到了很好的资源。

其次是粉丝。小米有超过三亿的用户，尤其是铁杆米粉更是生态链企业难得的持续销售群体，广大技术发烧友对于小米产品的信任和追捧超乎想象。

第三是热度。在信息爆炸、热点分散的时代，对任何公司来说，有热度、被市场和消费者持续关注都是非常重要的。初创企业加入小米生态链后，就可以"蹭"小米的热度，迅速利用小米的流量效应为自己的产品打开市场。

赋能二：商业赋能。

小米一直以来的理念就是"产品为王"，如果生态链企业的产品足够优秀、拿得出手，也会给小米带来新的客户群，进而完成客户群的转型升级。具体包括以下三个方面：

一是用户群分析。小米会帮助生态链企业分析所面对的用户群特征，对用户群的主要需求进行分析，做到直击用户群痛点。

二是工业设计。小米产品的工业设计特点主要是简洁、干净、大方。这些特点在小米产品的外观上也体现得淋漓尽致。由于小米生态链企业具有较强的专业性，对产品的理解更加独到，可以做出具有核心竞争力的产品。这些企业再沿用小米的工业设计风格，使得产品能够在市场中占有一席之地。

三是方法论。小米形成了一整套如何做产品、卖产品、吸引粉丝的方法论，生态链企业也可以沿用这套模式，复制小米的成功经验。具体包括提高用户生活质量与便捷度，坚持高性价比，单品爆款，注重顶层设计等。

赋能三：渠道赋能。

对初创企业和中小企业而言，经营销售渠道的成本无疑是巨大的。而加入小米生态链之后，生态链企业就可以使用小米的线上渠道（小米商城）、线下渠道（小米之家）等渠道进行产品营销。这些渠道不仅能使销量得到大幅度提高，也可以最大程度降低销售成本。

赋能四：供应链赋能。

在生态链概念成形以前，小米的供应链主要是为小米手机服务的。而作为当前竞争最激烈的市场之一，手机市场对于供应链的要求是最高的，可以这样说，电子领域中的高精尖技术都集中在手机上。

小米把手机供应链打通之后，就拥有了大量制造业供应链体系的资源，再做其他产品就相当于"降维打击"：一方面成本得到控制，另一方面全球最为优质的供应链系统能为己所用，品质好、效率高。普通小企业没有整合供应链的能力，在整个供应链上也缺乏话语权。

赋能五：技术赋能。

小米一方面把产品研发下放到了生态链层面，让生态链企业自主研发产品；另一方面主动将技术赋能给生态链企业。小米利用生态链将一些资源进行整合与优化，为较为弱小的企业提供支持，帮助它们实现从弱小到强大的转变，从而创造出有价值的产品。

赋能六：团队赋能。

吸引各路人才是小米成立之初最核心的战略，也是如今小米最引以为傲的核心竞争力。小米生态链通过近几年的实战，形成了一支强大的、集合各领域人才的精英团队。

在组建生态链的过程中，小米可以根据每家生态链企业团队的优势和劣势帮助其调配人才、组建团队，用最合适的人给每个团队提供帮助。

赋能七：资本赋能。

近年来，小米得到了资本界的大量关注和支持。当生态链企业遇到资金周转问题时，小米会对其进行投资，帮助其继续规模量产，并利用手中资本力量对生态链企业进行资本赋能。

小米生态链的投资人团队是由工程师组成的，一般的投资人看重团队、数字、回报，而工程师更看重产品、技术、趋势。只要小米认为某个产品有潜力，就会给这家企业投资，直至其规模量产。企业在加入生态链以后，由于得到了小米的支持，减少了财务限制，打磨产品的时间大大延长，这更保障了产品的质量。

### 三、生态链合伙契合度

生态链合伙与其他类型合伙一样，能否合得好就要看以下几方面的契合度是否达标。

### （一）目标要契合

拿小米生态链企业合伙来说，小米公司的目标是想借助生态链企业实现自身的IOT战略构想，而对于小米生态链企业来说，他们的目标是想通过小米的资源赋能做大做强，成为类似小米一样的明星企业，所以小米与生态链企业在目标方向上契合度很高。

## （二）理念要契合

所有合伙的前提都是理念要契合，生态链合伙也不例外，比如小米在找生态链企业时明确提出了五条核心价值观，只有与这五条核心价值观契合度极高的生态链企业才能选择合伙。

## （三）资源能力要契合

合伙的基础就是资源能力要互补，所以在合伙之前要根据自己的目标和实现目标的打法，罗列出自己所需的资源能力，再盘点自己所缺少的资源能力，从而找到自己的目标合伙人。在理念匹配的前提下，看看目标合伙人能否给我们所缺的资源能力，同时也要看我们能否给目标合伙人想要的资源能力。只有双方达到真正的资源互补，才能建立合伙关系。

## （四）利益要契合

合伙人之所以选择合伙，目的都是想通过别人来实现自己预期想要得到的利益，除股权、利润分配等金钱收益外，还有所有权、控制权和名誉等方面的利益。所以，衡量能否合伙很重要的一条是，要能在利益分配方面实现合伙双方都能满意才行。如小米生态链合伙，小米非常清楚生态链企业的利益诉求，一般来说只拿不到20%的股权，且本着帮忙不添乱的原则，按需给予资源和指导，这就给了生态链企业大部分的收益权和真正的话语自主权。在给到生态链企业想要的利益诉求的同时，也能得到自己想要的利益，这样的合伙才能持续下去。

## 8.3 生态链合伙如何分得清楚

对于生态链合伙如何分得清楚,我们从合伙人的进入机制、利益分配机制和退出机制三个方面进行介绍。

### 一、进入机制

当我们根据企业自身战略目标,明确了合伙的目的以及合伙人应具备的价值理念和所缺资源能力后,接下来就是要列出哪些人可以和我们合伙以及你的合伙人都应该具备哪些标准。

#### (一)选择合伙对象

合伙对象的选择与企业的商业模式、经营模式、资源禀赋、发展阶段以及合伙模式设计等多种因素息息相关。

**案例8-2 泸州老窖生态链合伙人机制**

泸州老窖是白酒行业首开先河进行经销商股权激励的企业,并建立了以"柒泉模式"为核心的生态链合伙人机制,为其在商业发展中保驾护航。虽有业绩低谷,却能快速翻身并实现飞跃式增长。回顾其发展历程,整体来说可以分为四个阶段。

第一阶段(1998—2003):调整策略,奠定"柒泉模式"基础。

当时,泸州老窖大规模的扩产导致库存积压,便开始在这一阶段着手调整经营策略，对上控产能，对下拓展渠道，增强出货能力。

第二阶段（2004—2012）：建立"柒泉模式"1.0，助力业绩腾飞。

在经济快速发展，带动市场需求增长的情况下，泸州老窖分两步开启了基于经销商股权激励的"柒泉模式"，与渠道共享高利润空间，建立生态链合伙机制，拉动高端酒及整体销售快速攀升。

第一步，定向增发，进行经销商期权激励。

第二步，建立柒泉营销公司，通过股权绑定生态链伙伴。即泸州老窖区域核心销售团队与当地经销商共同出资建立以泸州老窖核心品牌为专营品牌的柒泉营销服务公司，各经销商根据其入股前一年泸州老窖主打产品的销售额确定股权比例，并预留一定股权给新进经销商。这就是有名的"柒泉模式"，其中"柒泉"寓意七个省市销售区像七股泉水一样汇聚一起。

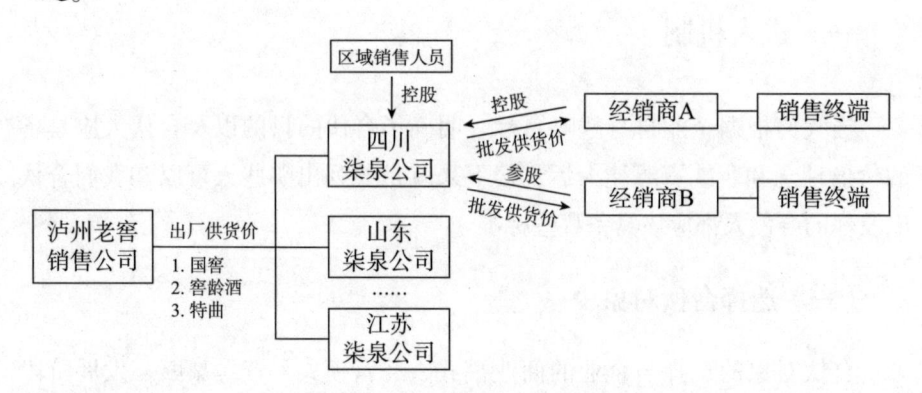

图8-1 泸州老窖柒泉模式示例

第三阶段（2013—2014）：陷入业绩低谷，淡化"柒泉模式"。

2012年底，在外部销售环境发生变化后，相应市场需求萎缩，消费回归大众，高端酒需求急转直下。

由于泸州老窖未参股柒泉公司，导致对其财务掌控力不足；另外，由于给予经销商比较大的放权，导致对终端控制力差，难以在低谷期利益发生分歧时有效控盘，也就无法保证双方目标和战略的一致。在行业低谷期，"柒泉模式"的效果大打折扣，暴露出诸多弊端，但"柒泉模式"弊端显现的同时也给了泸州老窖进行模式升级迭代的机会。

第四阶段（2015—2018）：升级"柒泉模式"，强势回归。

经历两年的低谷后，在2015年，泸州老窖开始重塑品牌价值，确立五大单品战略，加快收缩特许品牌和总经销品牌，同时以品牌为划分聚焦资源打造大单品，建立了升级版"柒泉模式"，即"品牌专营模式"。

第一步，组建品牌专营公司。

第二步，基于各品牌的市场定位，进行差异化运营。品牌专营模式帮助泸州老窖强势回归。

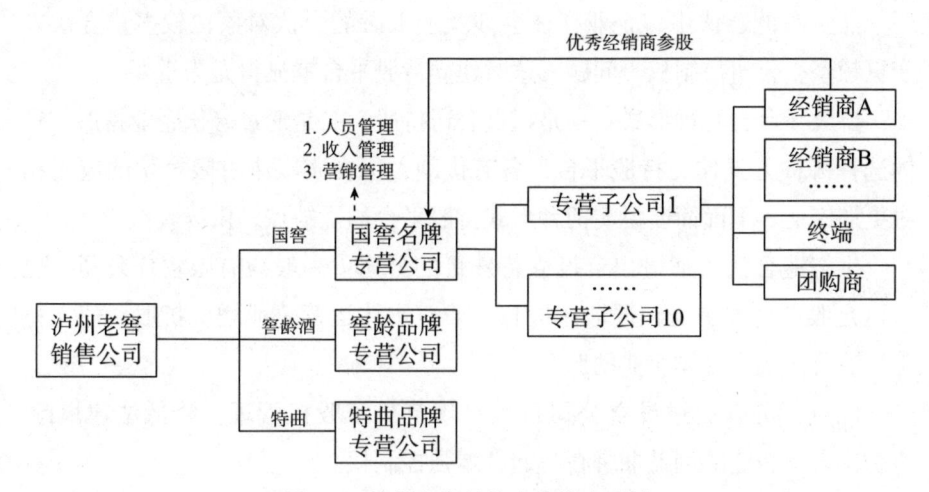

图8-2 泸州老窖品牌专营模式示例

泸州老窖通过生态链合伙人制度，将上游品牌资源、下游渠道商资源、供应链资源以及营销团队整合成一个有机整体，成立与每个个体都相关的合伙人平台公司，从而打通了整个产业链资源，共同铸就一个生态型的平台企业，改变了以往上游只想压货、压利润，下游渠道商只想要政策支持的博弈局面。

## （二）合伙人应具备的条件

合伙人应该具备的条件要匹配生态链合伙人互信的理念和互补的资源能力。如加入小米生态链企业的合伙人必须要满足我们上文提到的五条价值观，在业务领域也要符合小米IOT战略界定的产品范围，同时也要符合小米对产品极致性价比的要求等。

## 二、利益分配机制

利益分配机制主要是界定合伙人之间的干活规则、权力规则、分钱规则和财务规则。这些内容大家可以参照前几章的内容，这里我们主要对利益分配规则可能涉及的几点问题做简要介绍。

### （一）持股平台设计

在生态链合伙中，企业往往会涉及上下游的合伙对象比较多、合伙人变更频繁、公司控制权等问题，这时建立持股平台就显得尤为重要。

持股平台有两种形式：一是通过公司持股，二是通过合伙企业持股。具体选择哪种方式作为持股平台，各有优缺，但在实践中有限合伙的应用相对更加广泛。下面简要说明两种形式持股平台的优缺点，供读者参考。

生态链合伙人通过出资设立特殊目的公司（一般为有限责任公司，也可以是股份公司）受让原股东股权，或对主体运营企业增资扩股，使该特殊目的公司成为主体企业的股东。

优点：可以通过设立公司章程来规范员工股权管理，降低法律风险；将合伙人与企业的利益捆绑在一起，增强控制权。

缺点：发生股权转让时需要同时缴纳企业所得税和个人所得税，综合税负最高能达到40%。

再看生态链合伙人通过出资成立有限合伙企业，受让原股东股权或对主体运营企业增资扩股，使该有限合伙企业成为主体企业的股东。

优点：合伙人可以通过合伙协议来约束普通合伙人和有限合伙人的行为，界定合伙人的权利和义务，从而实现普通合伙人通过少量出资即可获得平台表决权的效果；合伙企业属于"税收透明"实体，仅在合伙人个人层面缴纳个人所得税（一般合伙企业股权转让所得的税率为5%~35%，股息红利所得的税率为20%，创投企业可选择按照20%税率计算缴纳个人所得税），从而避免重复征税。

政策链接：按照《财政部 税务总局 发展改革委 证监会关于创业投资

企业个人合伙人所得税政策问题的通知》(财税〔2019〕8号)的规定,创投企业选择按单一投资基金核算的,其个人合伙人从该基金应分得的股权转让所得和股息红利所得,按照20%税率计算缴纳个人所得税;创投企业选择按年度所得整体(创投企业以每一纳税年度的收入总额减除成本、费用以及损失后,计算应分配给个人合伙人的所得)核算的,其个人合伙人应从创投企业取得的所得,按照"经营所得"项目5%~35%的超额累进税率计算缴纳个人所得税。创投企业是指符合《创业投资企业管理暂行办法》或《私募投资基金监督管理暂行办法》关于创业投资企业(基金)的有关规定,并按照上述规定完成备案且规范运作的合伙制创业投资企业(基金)。

缺点:通过合伙企业进行股权激励,难以享受非上市公司股权激励递延纳税的税收优惠政策;目前国内合伙企业的相关法律法规体系仍不健全,存在一定的政策风险;普通合伙人需要承担无限连带责任,较其他形式法律风险高。

政策链接:按照《财政部 国家税务总局关于完善股权激励和技术入股有关所得税政策的通知》(财税〔2016〕101号)的规定,非上市公司对本公司员工进行股权激励,符合规定条件的,经向主管税务机关备案,可实行递延纳税政策,即员工在取得股权激励时可暂不纳税,递延至转让该股权时按"财产转让所得"缴纳20%的个人所得税。文件同时规定,激励标的应为境内居民企业的本公司股权(也可以是该公司技术成果投资入股到其他境内居民企业所取得的股权)。激励标的股票(权)包括通过增发、大股东直接让渡以及法律法规允许的其他合理方式授予激励对象的股票。

## (二)参股还是控股

对于企业与生态链合伙人是选择参股还是控股,与公司的战略有关。以小米生态链合伙来说,小米对于90%以上的生态链企业都是占20%以下股份，但是对于如空气净化器、空调、冰箱、洗衣机等大家电，前期投资巨大，销售额也比较高的生态链企业，被小米称为战略性企业，对这类企业小米就会占51%以上的股权，从而实现控股。

### （三）利益分配模式

关于设计生态链合伙人之间出资、利益分配以及合伙企业赚钱的方式，这里通过两个案例进行说明。

#### 案例8-3　米村利益分配模式

米村从2014年成立至今已经开了近1000家店，米村成功背后离不开它的合伙模式设计。如果米村拌饭开一家门店需要100万元的话。米村会将100万元拆分成两部分，其中合伙人拿出20万元，剩下的80万元，则由区域经理、店长以及门店员工等人来出。总部则以技术入股的形式，拥有门店30%的分红权，再加上每个月营业额的2%，作为管理费。剩下的70%就由其他五个股东，按照出资比例进行分红。假设一家店一年的净利润是100万元，总部就分成30万元。剩下的70万元中，合伙人分到20%，即14万元，区域经理、店长、员工等人一共分到56万元。可见总部的分红非常之高，但这也有交换条件，即总部需要对门店的生产经营进行一定比例的兜底，如果店铺最终亏损，总部则需要拿出门店总投资的30%作为赔付。米村这种合伙人模式有以下几个优点：一是众筹开店、联营合伙、直营管控，既解决了直营连锁押资金的风险问题，又解决了部分加盟商不听话的问题，这也是其2020年改革加盟模式后快速开店的原因；二是实现了剥洋葱式的城市扩张，通过总部跟门店之间的这种帮扶磨合出标准后，向新的城市进军；三是渗透了赛马机制，就比如师父、徒弟、徒孙，他们其实都是门店的经营者，也是门店的老板，而不是打工者，这就让一名员工实现了自我驱动，比老板推着他走轻松多了。这种合伙直营模式不仅分摊了投资风险，也将管理运营的权利握在了自己手中，更容易做好品控和标准化的运营，让其扩张之路更为顺畅。2023年11月，黄浩曾对外表示，米村拌饭依然处于快速开店的上升阶段，当时预计2024年3月可以达到1100家，下一个目标则是把米村拌饭开遍全国每一个城市。

### 案例8-4　格力渠道合伙人模式

1997年，格力开始推行销售渠道合伙人模式，同年12月20日，格力第一家区域股份制销售公司在武汉诞生，此后的两年，格力又采用相同模式在全国范围内成立了10家这样的区域股份制销售公司。所有区域销售公司，都由格力电器控股，格力电器持有每一家区域销售公司51%以上的股份，区域内的多家一级经销商参股。销售公司的财务总监由格力电器派驻，总经理、副总经理等核心管理层成员一律由格力电器任命。在利润分配上，格力电器不参与销售公司的利润分红，销售公司的经营利润，一律由销售公司的其他股东按照持股比例和业绩贡献进行分红。11家销售公司按照一定的规则，共同持有格力电器（上市公司）总股份的10%左右（随着公司业绩和股份结构的变化而浮动），销售公司持有的这部分股份，全部由河北京海担保投资有限公司代持。格力采用这一模式让原本属于外部独立商业组织的经销商群体，成为专营格力产品的生力军，他们熟悉各自所在的区域市场，并善于利用一切资源建立和维护格力空调在竞争中的优势地位。这也是为什么格力只有数量很少的销售人员，却能在竞争激烈的家电行业中屹立几十年而不倒的原因，而且自1998年以来基本上一直能够稳居于行业第一名的市场地位。

在案例8-3中，并没有体现米村货币出资，而是用技术和品牌等无形资产入股。在这里面米村赚两笔钱，一是2%的管理费，二是门店利润分红。其他合伙人分享的都是门店利润分红。

格力是一家制造业企业，主要是以销售产品来实现盈利，在案例8-4中格力虽然控股与经销商合伙的销售公司，可并没有参与销售公司的利润分红，它的利润来源于对销售公司的产品加价。对于经销商合伙人，其不仅可以分享销售公司的利润分红，还可以通过持股平台持有格力上市公司的股权获得资本溢价。

小米与生态链企业合伙，小米不仅可以获得生态链企业对应股权比例的利润分红，同时还可以分享这些生态链企业的产品在小米渠道上销售时的利润分成。如果这些生态链企业上市的话，小米还可以分享股权转让的资本溢价。

## 三、退出机制

生态链合伙与创始合伙、事业合伙等形式的合伙在退出机制设计上，原理是一样的。在这里我们补充一点，就是对以人力资源出资的情况，一定要约定好按贡献度或者分期成熟机制设计退出机制。比如某企业给一位管理者10%股权，约定干满五年方可获得全部10%，每年兑现2%。如果干满两年离开只能获得4%的股权。如果没有这个约定，干一年也能获得10%股权，这显然对其他合伙人欠缺公平。

另外，对生态链合伙来说，做股权退出机制时一定要考虑业绩等核心因素做动态设计。

### 案例8-5　生态链合伙退出机制举例

A公司是一家研发、生产和销售的食品企业，注册资金为5000万元，由自然人股东甲和乙，以及员工持股平台（有限合伙企业B）共同投资，分别占股70%、20%和10%。A公司已进入发展快车道，为了尽快把产品推向市场，决定与经销商捆绑做生态链合伙模式。A公司因此成立了经销商持股平台（有限合伙企业C），股东甲和乙分别让渡A公司5%的股份给C。甲作为C的普通合伙人，占有股份2%；10家经销商成立经销商持股平台，进入C成为有限合伙人，占股份额98%。与此同时，约定对进入有限合伙企业C的经销商采取"末位淘汰制"，即每年年末对经销商合伙人的销售收入进行排名，第10名的经销商将被淘汰，退出经销商合伙平台。外部表现优异的经销商可以进入C成为有限合伙人。A公司通过这种动态机制设计，在经销商之间形成了良好的竞争氛围，A公司的市场占有率也节节攀升。经销商持股平台的架构如图8-3所示。

```
        A公司
   ┌─────┼─────┐
 甲(70%) 乙(20%) 有限合伙企业B(10%)
```

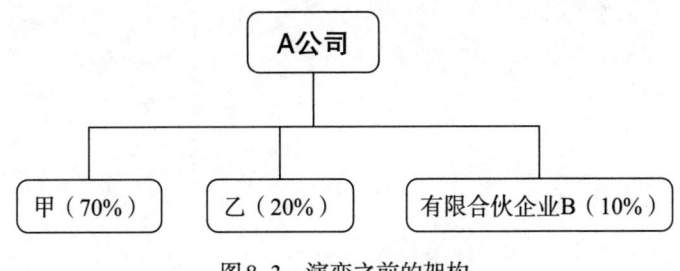

图8-3 演变之前的架构

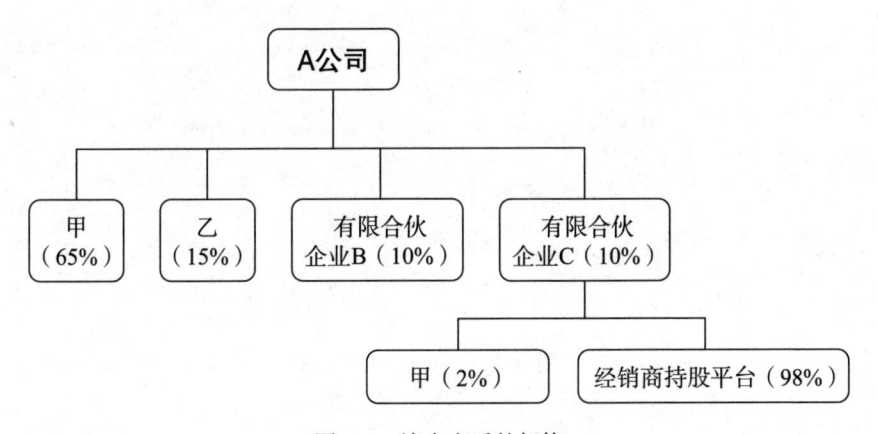

```
              A公司
    ┌────┬────┼────────┐
  甲     乙   有限合伙    有限合伙
(65%) (15%)  企业B(10%)  企业C(10%)
                        ┌────┴────┐
                      甲(2%)   经销商持股平台(98%)
```

图8-4 演变之后的架构

# 后 记

亲爱的读者朋友们，这本书终于在几年思考沉淀后创作完毕。停下笔来，依然思绪万千，这其中既有对合伙制的很多延续性思考，也有无数个写作过程中的温暖瞬间，鼓励我们把这件事持续研究下去。在书稿的最后，想再叮嘱几件事。

第一，建议您拿到书后先弄清楚本书的整体结构，可以先看本书序言，然后再认真看一下目录结构。这样您不仅能很快了解本书的整体结构，也会了解整本书阐述的主要内容。

第二，您可以快速浏览第一章内容，如果您已经认识到合伙制是这个时代的必然选择，也可以略过本章内容不读。您可以将重点放在第二章和第三章，这两章除了让您了解"合伙是什么"之外，也能让您对本书内容有概括性了解。

第三，接下来您就可以根据自己的需求进行选择性阅读了。比如，您对如何与员工进行事业合伙感兴趣，可以直接选择第五章的内容。在阅读过程中，如果您对战略定位这部分知识很熟悉，您也可以跳读或者略过相关内容。再比如，您对合伙后如何分钱感兴趣，完全可以选读本书后五章中"分得清楚"这个部分的内容。

经过这样的阅读，如果您觉得有些收获，我真心希望您能在百忙之中抽出一点时间，通读此书所有章节。因为这本书各章节虽可独立阅读，但关联性也非常强，并形成了一套完整的知识体系，所以完整阅读一定会给您带来更大的收获。比如，我们就企业四个发展阶段进行划分，是希望读者能够分清不同的企业阶段，采用对应的组织结构及与其相匹配的合伙机制，从而实现企业的战略目标。而实际企业发展过程中并没有如此严密的界限划分，再加上因企业发展的限制，并不是每个企业都能完整地经历我们书中阐述的四个发展阶段，所以读者只有通读全书，真正了解本书所表达的核心思想，才能把知识学活，从而为自己所用。再比如，在第四章创始合伙里我们阐述了董事会等关于公司治理方面的内容，但对于一般初创企业来说，不一定适合建立董事会决策机制，而通常会采取更简单高效的由核心创始人直接拍板决策的方式，而我们之所以把这部分内容放在本章，主要是希望创始团队从企业成立之初就有设计公司治理顶层架构的思维和意识，到公司进入成长期、成熟期时，股东会、董事会等规范的治理结构将是企业做大、做强、做久的必然选择。所以，我们每个章节所阐述的知识，未必完全适合所有企业在那个阶段对应的合伙模式，作为读者除了要把知识体系化理解外，一定要根据自身实际情况深度思考知识的适用边界。

如果通过阅读本书，您对合伙知识的某些方面仍存有很多疑问，或者想多些了解，您可以查找相关图书进行深入学习，也可以关注我们后续推出的合伙制相关作品；或者主动与作者沟通交流，加入我们的合伙主题社群进行深入探讨。

由于篇幅所限，本书未收录更加实用且与本书相关的股权协议文本内容，如果读者需要可以与作者直接联系索取电子版，我们会免费赠送价值千元的由专业律师团队审核并加批注解读的20份公司协议范本（均符合2024年7月实施的最新《公司法》要求）。

最后，再次感谢本书出版过程中各位朋友的鼎力相助，感谢出版社编辑的辛苦付出，感谢新合伙制研习社200多位群友多年来的陪伴，感谢本书参考文献的作者给我们写作带来的灵感和资料借鉴，感谢读者朋友的支持和喜爱。也诚挚邀请读者朋友们继续关注我们后续出版的图书，我们将继续深入研究合伙落地实操相关内容，期待我们持续一起研究探讨，一起为中国企业的蓬勃健康发展贡献绵薄之力。

作者<br>2024年6月

# 参考文献

[1] 蔺雷.内创业革命[M].北京：机械工业出版社，2017.

[2] 洪华，董军.小米生态链战地笔记[M].北京：中信出版社，2017.

[3] 宗毅，小泽.裂变式创业：无边界组织的失控实践[M].北京：机械工业出版社，2015.

[4] 唐建军.事业合伙人[M].北京：机械工业出版社，2017.

[5] 陈威如.平台战略：正在席卷全球的商业模式革命[M].北京：中信出版社，2016.

[6] 刘少荣.平台型组织[M].北京：中信出版社，2019.

[7] 穆胜.释放潜能：平台型组织的进化路线图[M].北京：人民邮电出版社，2018.

[8] 杨国安，李晓红.变革的基因：移动互联时代的组织能力创新[M].北京：中信出版社，2016.

[9] 杨国安，（美）戴维·尤里奇.组织革新：构建市场化生态组织路线图[M]袁品涵译.北京：中信出版社，2019.

[10] 龚其国.海底捞VS呷哺呷哺：餐饮企业经营模式的选择与创新[M].北京：中国经济出版社，2018.

[11] 李善友.第二曲线创新[M].北京：人民邮电出版社，2019.

[12] 孙陶然.有效管理的五大兵法[M].北京：中国友谊出版公司，2018.

[13] 路江涌.共演战略：重新定义企业生命周期[M].北京：机械工

业出版社，2018.

[14]（美）杰克·韦尔奇.商业的本质［M］蒋宗强译.北京：中信出版社，2016.

[15]（瑞士）奥斯特瓦德.价值主张设计：如何构建商业模式最重要的环节［M］余锋，曾建新，李芳芳译.北京：机械工业出版社，2015.

[16]（美）萨提亚·纳德拉.刷新：重新发现商业与未来［M］陈召强，杨洋译.北京：中信出版社，2018.

[17]林伟贤.最佳商业模式［M］.北京：北京联合出版公司，2011.

[18]李利威.一本书看透股权架构［M］.北京：机械工业出版社，2019.

[19]马永斌.公司治理之道：控制权争夺与股权激励—2版［M］.北京：清华大学出版社，2018.

[20]唐伟，车红.种下股权的苹果树［M］.北京：机械工业出版社，2016.

[21]严兆海.合伙人模式［M］.广州：广东经济出版社，2018.

[22]王美江.合伙人裂变与股权密码［M］.北京：人民邮电出版社，2019.

[23]郑指梁，吕永丰.合伙人制度：有效激励而不失控制权是怎样实现的［M］.北京：清华大学出版社，2017.

[24]于强伟.股权架构解决之道［M］.北京：法律出版社，2018.